성공하는 필리핀 이민을 위한 문화 가이드

기회의 바다, 나는 필리핀에 산다

성공하는 필리핀 이민을 위한 문화 가이드

기회의 바다, 나는 필리핀에 산다

㈜대성 '필홈' 에이전시

채륜서

필리핀을 꿈꾸는 여러분께

한국의 부모들은 유난히 교육열이 높다. 그래서 형편만 된다면, 아니 유난스러운 집은 빚을 내서라도 외국에 유학을 보내는 일도 있다. 특정 분야를 깊게 공부하고 싶어서 떠나는 유학도 있지만, 보통 유학이라고 하면 어학연수가 대부분이다. 영어를 우선시하는 한국의 분위기 때문에 미국과 캐나다를 유학지로 많이 선택했었다. 그런데 IMF 이후에는 집집마다 형편이 어려워져 유학지가 호주, 뉴질랜드로 변하더니 7~8년 전부터는 필리핀으로 바뀌기 시작했다. 비행기를 타고 3시간 30분만 가면 되는 가까운 거리이고, 가정교사(tutor)의 인건비가 비싸지 않아, 다른 나라보다 저렴한 가격으로 1대1 수업이 가능하다는 장점 때문이다. 이런 점 때문에 필리핀 유학생이 급격히 늘어나면서 한국인들의 마음속에서는 필리핀이 낯설지 않은 나라로 자리 잡았다. 이런 시기에 맞물려 한국의 방송매체가 은퇴이민으로 택하는 필리핀을 매우 환상적인 낙원인 것처럼 보도하면서 필리핀 드림을 꿈꾸는 사람들이 늘어나기 시작했다.

한 달 200만 원이면 정원이 있는 집에서 식모를 두고 골프를 즐기며 부자로 살 수 있다는 필리핀 드림!

하지만 필리핀의 중산층들이 사는 주택의 월 임대료가 한화로 무려 120만 원이라고 하니, 이 사실 하나만 봐도 이 필리핀 드림이 얼마나 과장된 보도였는지 알 수 있으리라 생각한다.

하지만 은퇴이민을 생각하는 분들에게 필리핀은 매력적인 나라임이 틀림없다. 다른 나라에 비해 상대적으로 물가도 저렴하고, 마음의 안식을 취할 수 있는 천혜의 자연환경을 가졌으니 말이다. 필리핀에서 생산 활동을 하지 않고 오로지 한국에서 받는 연금만으로 생활할 수 있다면 문제 될 것이 아무것도 없다. 필리핀 물가가 우리 생각만큼 그리 만만하지는 않다고 해도 한국보다 더 높을 리는 없기 때문이다.

단, 이건 노후를 즐기려고 은퇴이민을 하는 사람들에게만 해당하는 말이다. 한참 창창한 나이에 퇴직하고, 이민하여 그곳에서 취직을 하거나 사업을 시작하여 돈을 벌어야만 하는 사람들이라면 필리핀은 결코 낙원이 될 수 없다. 상식적으로 세상에 살기에 만만한 나라가 어디 있을까? 더구나 겨우 몇천만 원의 전 재산으로 아무 일 하지 않아도 부자로 살 수 있는 나라는 지구에 단 한 곳도 없을 것이다.

한국도 일본처럼 장기불황이 시작되었고 경제가 성장한다고 해도 고용 없는 성장 때문에 이른 나이에 명예퇴직을 당한 사오정(45세 정년)들의 재취업은 현실적으로 어렵다. 더구나 퇴직 후에 새로이 시작한 사업은 커피 전문점이나 동네 치킨집이 포화 상태인 것을 볼 때 설명이 필요 없으리라 생각한다.

지인들과 함께 필리핀 사업을 구상하게 된 동기도 이와 다르지 않다. 우리는 한국에서 20년이 넘게 학원 강사로 일했다. 그런데 나이 오십 줄에 접어들면서 강사직에서 물러나야겠다는 생각이 들었고 게다가 입시 제도의 변화로 학원 사업을 더는 지속할 수 없게 되었다. 하지만 모든 것을 관두고 노후를 즐기기엔 나이가 너무 젊고, 나갈 돈은 너무 많았다. 그렇다고 인제 와서 20년 넘게 해왔던 분야와 전혀 관련이 없는 다른 분야의 사업을 무턱대고 시작한다면 어떻게 될까? 잘 알지도 못하는 생소한 분야의 사업에 뛰어들어 의욕만으로 성공할 수 있을지는 미지수다. 아니, 성공은 고사하고 아마 재기 불능의 상태가 될지도 모른다. 그래서 한국에서 다른 사업을 하는 것보다는 필리핀에서 우리가 해왔던 분야의 사업, 혹은 관련된 사업을 하는 것이 상대적으로 위험이 훨씬 적다는 결론을 내리게 되었다.

이 책은 비슷한 생각을 하는 사오정들에게 도움을 주고 싶은 마음에 쓰기 시작했다. 20년 넘게 임하던 생업을 관둔 후, 다시 마음을 다잡고 필리핀 사업을 준비하면서 우리 역시 수많은 시행착오를 겪었다. 그중에서도 우리를 가장 괴롭힌 것은 바로 문화의 차이였다. 한국에서의 환경만을 생각한다면 결코 필리핀에서의 성공을 바랄 수 없다. 필리핀이라는 나라의 특수성을 고려하지 않으면 좋은 사업 아이템도 빛을 잃을 수가 있기 때문이다. 그래서 직접 겪은 경험을 토대로 하여, 필리핀의 핵심을 여러분에게 보여 드리려고 한다. 가볍게 읽을 수 있는 내용이지만, 필리핀의 알짜배기만 담아냈기 때문에 여러분의 필리핀 생활에 도움이 될 것으로 생각한다.

생계를 이어가야 하는 우리에게는 낙원이 아닌 치열한 삶의 현장인 필리핀, 그곳에서 성공을 꿈꾸는 여러분에게 이 책이 조금이라도 도움이 되었으면 하는 바람이다. 단, 이 책을 읽고 난 후, 자신이 하던 일이 필리핀의 특성과 적합하지 않다면, 필리핀이 아닌 다른 나라를 찾는 것이 현명한 판단일 것이다.

㈜대성 '필홈' 에이전시

차례

Part 03. 필리핀에는 어떤 사람들이 살고 있을까

Part 04. 국가 발전보다 족벌이 우선이다

Part 05. 돈의 힘은 불법도 법으로 만든다

Part 06. 실패를 배워 필리핀에서 성공하자

Part 01

사오정, 필리핀으로 떠나자

01

대한민국 사오정의 현실

우리나라는 고용 없는 성장이 이루어지기 때문에 경제가 성장해도 일자리는 별로 늘어나지 않는다. 그래서 40대 직장인 중 명예퇴직을 당하는 비율이 점차 늘어나고 있다.

우리나라는 고용 없는 성장이 이루어지기 때문에 경제가 성장해도 일자리는 별로 늘어나지 않는다. 그래서 40대 직장인 중 명예퇴직을 당하는 비율이 40%를 넘어섰다.

그래서 이들은 커피 전문점이나 치킨집 사장님으로 변신해서 자영업자의 대열에 들어서지만, 커피 전문점은 이미 포화 상태이고 치킨집은 두 부부가 하루 12시간씩 매달려도 최저 생계비를 버는 것도 빠듯하다고 한다.

채용 공고를 살피는 중년의 퇴직자들

40대, 50대 퇴직자들의 생계형 창업이 벼랑에 몰리고 있는 현실

우리나라 전체 취업자 중 자영업자의 비중은 31.3%로 OECD 국가들 평균인 15.8%의 두 배이다. 이렇게 자영업자의 비중이 높은 이유는 퇴직 연령이 빨라지면서 퇴직 후 마땅한 일자리를 얻기 어려운 퇴직자들이, 너도나도 생계형 창업에 뛰어들기 때문이다.

그런데 자영업자의 비중이 이렇게 비정상적으로 높다 보니 생계형 자영업은 퇴직자들의 무덤이 되어가고 있다. 소상공인 진흥원의 통계에 의하면 창업을 한 자영업자 10명 중 2명이 1년 안에, 또 절반인 5명이 3년 안에 폐업한다고 한다. 사업을 이어간다고 해도 월 소득 200만 원 이하인 자영업자가 80%에 육박한다고 하니, 한국에서의 자영업자 현실이 얼마나 팍팍한지 짐작할 수 있다.

자영업자들의 수입과 근로 조건의 적나라한 현실

지난해, 경향신문이 1주일간 중소기업중앙회와 공동으로 5인 미만 소상공인, 자영업자 300명을 대상으로 전화 설문조사를 한 결과는 가히 충격적이다. 개업한 지 평균 10년이 지난 자영업자 10명 중 7명은 창업 당시 빌린 돈을 갚지 못한 채 빚에 허덕이고 있고, 1인당 월 평균 수입은 116만 원이었으며, 그 중 45.3%가 경영상 어려움 때문에 한때 폐업을 고려했다는 것이다.

근로 환경도 열악했다. 월 1~3일 쉰다는 응답이 14%였으며, 4일을 쉰다는 응답은 40.7%였다. 그들의 월평균 휴무일은 2.6일이었고, 하루 근무시간은 12시간 30분이었다. 심지어 한 달에 단 하루도 쉬지 못한다는 응답이 전체의 35%에 달했다.

물론 성공한 자영업자들도 많지만, 대부분은 자영업자의 길로 들어서는 순간부터 하루 12시간씩, 한 달에 딱 두 번만 쉬며 고된 중노동을 하면서도, 고작 116만 원가량을 손에 쥐게 되는 것이다.

02

사업 설명회는 사오정의 무덤

중년의 재취업이 쉽지 않은 현실에서, 사오정들은 생계를 꾸리기 위해 창업의 길에 들어선다. 그래서 사업 설명회에는 사오정이 득실댄다. 하지만 이마저도 쉽지 않아 그들은 벼랑으로 몰리고 있다.

2008년 금융 위기 이후 명예퇴직자들이 쏟아지면서 이들을 대상으로 '돈을 벌게 해 주겠다는' 각종 설명회가 열리고 있다.

사업 설명회 홍보 포스터

사업 설명회에 모인 많은 사람들

사업 설명회장에는 사오정들이 득실거린다. 직장에서 명예퇴직을 당한 사오정들이 막막한 현실 앞에 한 가닥 희망을 품고 창업 설명회로 모여드는 것이다.

하지만 이들이 너도나도 자영업에 뛰어들게 되면서 경쟁은 치열해지고, 여기에 경기 침체까지 겹치면서 자영업자들은 곤경에 빠졌다. 또한, 2008년 시작된 금융 위기로 직장을 잃은 중산층이 탈출구로 삼았던 자영업에서도 실패하면서 법원에 개인회생을 신청하는 사례도 급증하고 있다. 서울중앙지방법원의 발표로는 2012년 11월까지 개인회생을 신청한 건수는 18,812건으로 매년 기록 경신을 하고 있다고 한다.

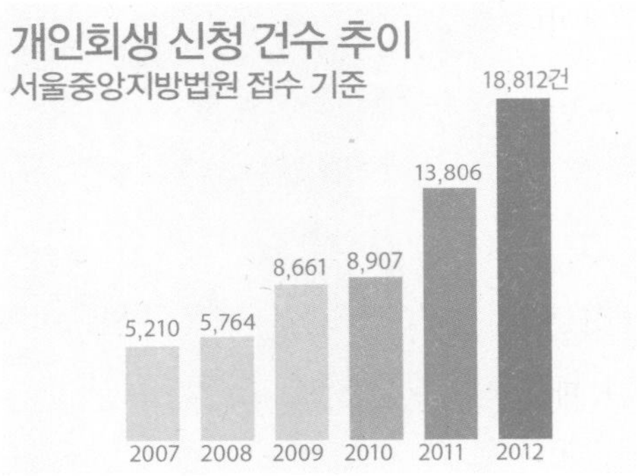

연도별 개인회생 신청 건수

그래서 전문가들은 이른 나이에 퇴직을 한 사오정에게 생계형 창업보다는 재취업을 위해 노력하라는 조언을 하지만, 이런 조언을 들으면 오히려 화가 치밀어 오른다. 생각해 보라. 재취업이 가능했으면 당연히 취업을 하려는 노력을 했지 위험 부담이 큰 생계형 창업을 시도했을까?

현실적으로 이태백(이십 대 태반이 백수)인 우리나라의 상황에서는 사오정의 재취업을 위한 노력이 무의미하다. 그래서 부득이 창업으로 눈길을 돌리는데, 창업에 성공하려면 반드시 명심해야 할 두 가지의 것이 있다.

첫째, 퇴직 후 아무리 마음이 급하고 불안해도 서두르지 말아야 한다는 것이다. 왜냐하면 자영업을 시작한 퇴직자 중에서 안정적인 생활이 가능할 만큼 수입을 올리는 비율은 10명 중 단 2명뿐이며, 3년 이상 계속 사업을 하는 비율은 1명 정도로 극히 희박하므로 철저한 준비 기간이 필요하기 때문이다.

둘째, 반드시 자신이 전문성을 가지는 업종에만 도전해야 한다는 것이다. 매우 참신한 아이템이 아닌 이상, 어느 업종으로 사업을 시작하든 경쟁이 치열할 수밖에 없다. 또한, 유망 업종이라고 해도 자신만의 비법이나 전문성이 없다면 경쟁력이 떨어져 도태될 수밖에 없기 때문에 새로운 사업에 도전한다는 것은 매우 무모한 행동이다.

03

필리핀으로 간 일본의 중년층

장기불황의 늪에서 헤매던 일본의 중년층은 그 돌파구로 필리핀 이민을 택한다. 일본은 우리와 많은 공통점을 가지고 있는 나라이기 때문에 그들의 행보를 주목할 필요가 있다.

대학에 다닐 때 사회학 강의를 하던 한 교수님이 이런 말씀을 하신 기억이 난다.

한국의 변화될 모습을 미리 알고 싶으면 일본을 보라.

비록 일본이 한국보다 한발 앞서 있긴 하지만, 두 나라는 작은 국토 면적에 높은 인구 밀도, 그리고 지하자원의 부족이라는 조건 속에서 경제 발전을 이룩했다는 공통점을 가지고 있다. 그러므로 일본의 모습을 우리에게 곧 닥칠 미래라고 봐도 무방할 것이다.

80년대까지 도쿄대학東京大學에 입학하기 위해 치열한 입시 경쟁을 했던 일본이 '유토리 교육'(한국식으로 하면 전인교육)을 시작하면서 학원들이 침체기에 접어든 지 오래다. 지금 한국도 입학사정관제와 자기주도학습 전형을 도입하면서 IMF 시절에도 불황을 몰랐던 학원들이 이제는 학원을 접어야 할 만큼 침체기로 접어들었다.

80년대 후반부터 일본에서는 유학 열풍이 불었고, 재외 유학생의 숫자가 급격히 증가했다. 한국도 90년대 후반부터 유학 열풍이 불면서 재외 유학생의 숫자가 급격하게 늘어났다.

또한, 일본은 고속 성장하던 경제가 한계점에 다다르면서 부동산 침체가 장기화되고, 경기도 불황의 늪을 빠져나오지 못하고 있다. 한국도 최근 몇 년 동안 부동산 침체가 계속되어 왔고 장기불황의 늪으로 빠져드는 중이다.

한 식당의 800원짜리 점심식사 이벤트에, 인근의 직장인들이 줄을 서서 기다리고 있다.

이처럼 일본과 한국은 많은 부분에서 유사한 모습을 보이고 있다. 그러므로 우리는 일본인들이 장기불황을 탈출하려고 했던 시도를 유심히 살펴볼 필요가 있다. 일본은 불황이 장기화되자 20년 전부터 그 돌파구를 국외에서 찾기 시작했고, 특히 필리핀에 많이 진출하여 자리를 잡았다. 필리핀을 깎아내리려는 것은 아니지만, 필리핀은 일본과 비교하면 아직 발전할 가능성이 무궁무진한 나라였고, 우선 화폐의 가치가 더 낮다. 일본에서는 집을 팔아도 동경 시내에서 라면집 하나도 차리기가 어려웠지만 그 돈을 고스란히 가지고 필리핀에 가면 일본에 비해 할 수 있는 사업이 훨씬 더 많았기 때문이다. 그래서 필리핀에서 제일 먼저 시작된 것이 일본 식당, 즉 초밥집이었고 필리핀 중산층의 입맛에 맞게 퓨전화하면서 자리매김하는 데 성공한 식당들이 생겨나기 시작했다.

한국의 사오정들도 사업 설명회만 쫓아다닐 것이 아니라, 일본의 사오정들이 명예퇴직의 돌파구로 삼았던 필리핀으로 눈을 돌릴 필요가 있다고 생각한다. 무조건 일본을 좇아야 잘 살 수 있다는 말을 하고 싶은 게 아니다. 맹목적으로 일본을 좇는 것은 옳지도 않고, 개인적으로 기분도 유쾌하지 않다. 하지만 필리핀에서 제2의 인생 설계에 성공한 일본 중장년층들의 모습을 참고할 필요는 있다고 생각한다. 위에서 말했듯 일본과 우리는 지정학적으로나 문화적으로나 유사한 점이 많기 때문이다.

초밥집의 사장님

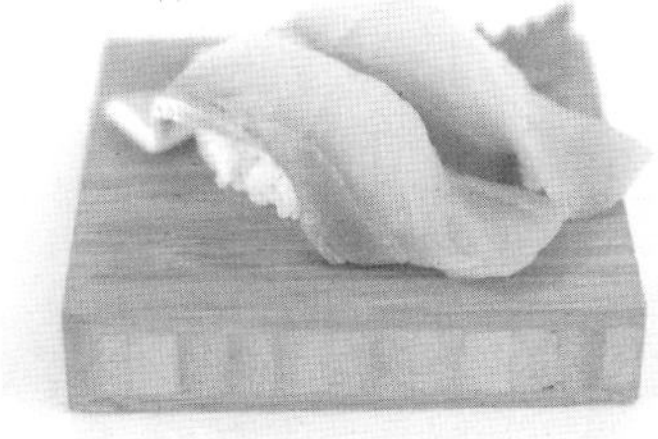
일본의 초밥

04

사오정의 새로운 일터는 한국이 아니다

재취업도, 창업도 쉽지 않은 대한민국에서 더는 사오정이 설 자리가 없다. 발전 가능성과 희망이 있는 필리핀에서 인생 제2막을 시작해 보는 건 어떨까?

사오정들이 명예퇴직을 당하기 전까지 전문성을 쌓으며 일해 왔던 분야에 재취업을 하려고 하면 걸리는 게 바로 '나이'인데, 이건 모세의 기적이 일어난다 해도 어찌해 볼 수 없다. 그리고 사오정보다 더 열정적이고 패기가 넘치는 20대~30대들이 차고 넘치는데 아무리 전문성을 강조해봐야 재취업의 문은 열리지 않는다. 하지만 돈은 벌어야겠기에, 이때 눈을 돌리게 되는 것이 자기가 종사해 왔던 분야의 창업이다. 하지만 창업을 하려고 마음먹으니 걸리는 것들이 한둘이 아니다. 그중에서도 제일 곤란한 문제가 바로 '자금'이다.

완벽한 사업계획서를 만들어 대출을 받기 위해 은행에 찾

창업 강좌를 수료하면 최대 5천만 원까지 창업 지원을 받을 수 있다.

아가보지만 '담보를 가져와야 당신에게 돈을 빌려줄 수 있다'는 은행의 원칙은 요지부동이어서 문턱이 높기만 하다. 그리고 사오정들의 창업을 지원하기 위해 지자체에서 대출해 주는 창업 지원금은 액수가 너무 적어서 이것으로는 뭔가를 해 볼 엄두도 나지 않는다,

이때 사오정의 앞에는 다음과 같은 두 가지 선택이 놓이게 된다.

> 한국에 살면서 생소한 업종의 소자본 창업을 할 것인가?
> 외국으로 가서라도 자신이 쭉 해왔던 업종의 창업을 할 것인가?

만약 전자를 선택한다면 여러분은 이제 더는 이 책을 읽을 필요가 없이 내려놓으면 될 것이다. 하지만 후자를 선택한다면 필리핀에서 자신이 일해 왔던 분야의 사업을 어떻게 전개할 것인지 깊이 고민해 볼 필요가 있고, 그럴 가치가 충분히 있다. 왜냐하면, 지금의 한국과 필리핀을 비교해 보면, 발전한 산업 분야나 문화 등에서 차이를 보이는데 이것을 잘 활용한다면 뚫고 들어갈 틈새가 생각보다 많기 때문이다. 이해를 돕기 위해

한 예를 들자면, 필리핀은 열대기후의 특성상 일 년에 다른 종류의 농작물을 두 번 심는 이모작이 가능한데도 농업의 기계화가 이루어지지 않은 탓에 농업 생산성이 낮아서 쌀 수입률 세계 1위 국가이다.

옆 사진은 로하스 주립대 재학생 가운데 40명을 장학생으로 선발해 충남 논산에 있는 한민학교에서 2년간 한국의 선진 농업기술을 배우도록 한다는 발표에 로하스 대학생들이 환호하는 광경이다. 이처럼 필리핀은 한국만큼 농업기술이 아직 발달하지 않아, 우리가 가진 선진기술을 유용하게 사용할 수 있는 환경이 마련되어 있다.

로하스 주립대에서의 선교 행사

또 우리가 좋아하는 망고는 필리핀의 열대기후에서 잘 자라, 망고의 생산량이 엄청나서 국외 수출량이 많다. 하지만 이차 산업이 전혀 없어 망고를 제조하고 가공할 만한 공장이 없으므로, 정작 망고 주스는 외국에서 수입하고 있는 형편이다.

필리핀에서 판매하는 타이야키

이런 상황을 활용한다면 필리핀에서의 주스 공장이 충분히 승산 있지 않을까?

심지어 필리핀의 일본음식점 앞에서는 타이야키(한국의 붕어빵)를 팔기도 하는데 판매 금액과 인건비를 고려하면 한국의 고소득 직장인의 수입을 능가할 만큼 벌기도 한다.

어떤 이들은 이런 질문을 하기도 한다.

"필리핀처럼 가난한 나라에서 무언가 팔리긴 할까요?"

이건 필리핀을 몰라도 한참 모르고 하는 질문이다. 필리핀은 약 1천만 명(인구의 10%)이 재외 근로자 혹은 가정부로 나가서 매년 200억 달러 이상의 돈을 필리핀으로 송금한다. 그래서 세계 경제 위기에도 미치는 영향이 적기 때문에 이 점에 있어서는 한국보다 훨씬 더 안정적인 나라라고 할 수 있다. 다른 나라에서 들어오는 달러가 어마어마하니, 필리핀 국내에서 소득이 발생하지 않더라도 소비생활이 가능해지는 것이다. 게다가 열대지역에 사는 사람들 특유의 낙천적인 성격 때문에 소비성향이 무척 강해서 거리에서 트라이시클을 모는 운전기사들도 모두 휴대 전화를 한 대씩은 갖고 다닐 정도이니, 필리핀에서도 사업을 열 수 있다는 확신이 들지 않는가?

05

1년 먼저 살아 보는 필리핀

당장 마음이 급하다고 필리핀 이민을 서두를 필요는 없다. 이민은 여행과 달라서 차근차근 준비해야 할 것이 많기 때문이다. 필리핀은 관광비자로 체류할 수 있는 기간이 긴 점을 이용해 보자.

앞에서 이미 많은 일본인이 필리핀을 제2의 인생 설계 장소로 택했다는 것은 언급한 바가 있다. 이것은 중장년층뿐이 아닌 노년층에게도 해당하는 사항이다. 1990년대 초에 일본 노년층은 자국의 실버 정책에 한계와 염증을 느껴, 그들이 받는 소액의 연금으로 조금이라도 여유 있는 노후를 보낼 방안으로 생각한 것이 바로 필리핀 은퇴이민이었다. 필리핀 정부에서도 일본인들이 필리핀에 와서 거주하면 힘들게 수출을 하지 않아도 외화를 벌 수 있다는 점 때문에 일본인의 은퇴이민을 적극 환영했다.

빠듯한 연금으로 생활하는 일본의 노년층은 백화점 세일 기간에만 쇼핑한다.

그리고 2000년대 초부터 한국의 노년층에게도 은퇴이민의 바람이 불기 시작하였고 일본처럼 장기불황에 들어선 지금은 중년층이 필리핀 이민을 고려하는 경우가 점차 늘어나고 있다. 하지만 이민을 가자니 마음에 걸리는 것도 한둘이 아니고, 정보가 없으니 어디서부터 어떻게 준비해야 할지 막막하기만 하다.

우선 필리핀 이민을 가려는 목적은 크게 세 가지가 있다. 첫째로는 결혼을 통한 이민이고, 둘째는 기술이민, 셋째는 본인의 사업체를 세울 목적으로 하는 투자이민이다.

첫 번째와 두 번째는 매우 특수한 경우이므로 넘겨도 좋고 일반적인 이민은 투자이민인데, 이를 위해 어떤 비자를 취득하면 좋을지 아래 표를 참고하면 도움이 될 것이다.

비자 구분	발급 기관	내용
투자비자 (SIRV-Special Investors Resident Visa)	투자위원회 (Board of Investment)	-21세 이상: 미화 75,000불 투자 시 -배우자, 미혼 자녀에게까지 부여
은퇴비자 (SRRV-Special Resident Retiree Visa)	은퇴청 (Retirement Authority)	-35~49세: 미화 50,000불 이상 투자 시 -50세 이상: 미화 20,000불 이상 투자 시 -연금 수익에 대한 소득세 면제 등 혜택 부여

자, 필리핀으로 제2의 인생을 설계하러 가기로 마음먹었다면, 이제 많은 것이 궁금해질 것이다. 하지만 모든 것을 혼자서 스스로 준비하려고 하지 말자. 필리핀 정부에서도 이민을 적극 환영하는 분위기이니, 우리가 이민하려고 한다면 도움을 받을 수 있는 기관이 있다.

필리핀 은퇴청장인 애드가 아글리파이Edgar Aglipay는 은퇴 이민을 생각하는 사람들에게 다음과 같이 조언한다.

"은퇴 이민은 브로커를 통하는 것보다 은퇴청이나 대행사

애드가 아글리파이

이민은 여행처럼 이렇게 여유로움만 있는 것이 아니다.

와 직접 접촉하는 것이 시간과 비용 측면에서 훨씬 유리합니다. 필리핀 대사관을 통해도 은퇴비자를 받는 데 한 달 정도 걸리지만, 은퇴청에서는 5~10일이면 해결됩니다.”

하지만 그렇다고 해서 필리핀 이민을 서두를 필요는 없다. 그 이유는 다음과 같다.

첫째, 필리핀은 관광비자로 장기간 체류하는 것이 가능하므로 굳이 이민을 서두를 필요가 없기 때문이다.

둘째, 이민 절차를 밟기 전에 관광비자로 1년 정도 체류하면서 필리핀 생활이 자신와 식구들에게 맞는지 확인할 필요가 있기 때문이다.

셋째, 은퇴이민은 상관이 없지만, 필리핀에서 돈을 벌어야 하는 이민일 때에는 필리핀에서 본인의 생계를 유지할 방법, 즉 돈을 벌 수 있는 사업에 대한 준비를 철저히 해야만 하기 때문이다.

06

필리핀 사업을 위한 필수 코스

어떤 사업이든 철저한 준비를 해야 성공할 수 있다. 하물며 타국에서의 사업은 말할 것도 없다. 필리핀에서의 사업 실패를 줄이려면 꼭 거쳐야만 하는 과정이 있다.

그렇다면 필리핀에서는 무슨 사업을 해야 실패하지 않을까? 필리핀에 대한 사전 지식이 없는 상태에서는 시장조사를 어디에서부터 어떻게 해야 할지 모르기 때문에 막막한 마음에 가장 먼저 접근하는 것이 바로 인터넷이다. 인터넷 강국이라는 말이 무색하지 않게끔 클릭 몇 번이면 방 안에 앉아 필리핀의 무수한 정보를 손에 넣을 수 있다. 하지만 인터넷 검색을 통해 얻은 정보는 오류가 많을뿐더러 한계가 따를 수도 있다. 현지 시장 상황과 맞지 않는 것도 있고, 극소수이기는 하지만 일부의 정보는 애초부터 의도적으로 왜곡된 때도 있다.

필리핀에서 할 수 있는 사업 중 하나인 스파

경험담을 이야기해 보자면, 처음 필리핀에서의 사업을 구상할 때 '홈스테이, 화상 영어 학원, 레스토랑, 스파' 이렇게 네 가지 아이템을 구상했었다. 역시 첫 시장조사의 경로는 인터넷 검색이었다. 그런데 인터넷을 통해 얻은 정보는 필리핀을 베이스캠프로 한 화상 영어 학원이 성업 중이라고 했는데, 막상 현지에 가서 시장조사를 했더니 화상 영어 사업은 이미 포화 상태에 이르렀고, 공급 과잉으로 말미암은 가격 덤핑, 게다가 필리핀인이 아닌 미국인 강사들이 하는 화상 영어 업체까지 등장하면서 화상 영어 사업으로는 필리핀에서 이익을 내기가 현실적으로 불가능한 수준까지 도달한 상태에 있었다.

필리핀의 일본 음식점

이런 황당한 상황은 누구에게든 닥칠 수가 있다. 인터넷 정보만 믿고 사업을 시작했다면 어떤 결과를 가져왔을지 아찔하다. 그러므로 첫 시장조사는 인터넷으로 하더라도 이것을 본인이 직접 현지에 가서 한 달 이상 발로 뛰며 눈으로 확인하는 시장조사 과정이 필요하다. 하지만 한 달간의 시장조사가 성공을 보장하지는 않는다. 자신의 눈으로 직접 확인한 사실들을 바탕으로 사업계획안을 짰다고 해도, 이 사업계획안을 실행에 옮기려면 현지 실정을 잘 알아야 하고, 도움을 받을 수 있는 현지인과의 유대 관계를 구축해야 하는데, 그러려면 세 달 정도는 사업 준비에서 잠시 물러나 필리핀 현지 체험의 시간을 갖는 과정이 반드시 필요하다. 인터넷을 통해 얻은 정보들을 한 달여간의 현지 시장조사를 통해 제대로 확인했는지에 대해서도 이 세 달 동안의 체험을 통해 더 분명하게 확인된다.

필리핀 현지화한 일본의 회

구체적인 예를 하

나 들어 보겠다. 인터넷을 검색을 통해 얻게 된 정보로는 필리핀에 횟집이 없으니 횟집을 차리면 성공할 가능성이 높다는 분석이 있었다. 하지만 현지에서 오랫동안 거주한 교민들을 통해 직접 확인했더니, 필리핀에 횟집이 없는 것은 필리핀 사람들이 본래 회를 잘 먹지 않기 때문이라고 했다. 또한, 필리핀 상류층의 입맛에 맞도록 회를 퓨전 음식으로 현지화한 일본 횟집들이 이미 많이 자리 잡고 있기 때문에 횟집을 차려도 크게 성공을 거두지 못할 것이라는 말도 덧붙였다.

다시 말하면 횟집이 없는 것이 아니라 '한국 횟집'이 없을 뿐이었다. 만약 인터넷 정보만 믿고 특별한 준비 없이 필리핀에 한국 횟집을 차렸다면 결과가 어떠했을까? 일본 횟집들보다 경쟁력이 떨어지기 때문에 성공할 가능성보다는 실패할 가능성이 더 크지 않았을까? 필리핀에서 사업을 생각하는 여러분에게 시장조사가 얼마나 중요한지를 가르쳐 주는 한 예가 될 것이다.

이처럼 필리핀에서 새 인생을 시작하려고 하는 여러분은 떠나기 전에 많은 정보를 습득하고, 충분히 익힐 필요가 있다. 정보 없이 필리핀으로 떠나는 것은 안전 장비 없이 줄 하나만 붙잡고 번지점프를 하는 것만큼 매우 위험한 일이다. 여러분이 읽고 있는 이 책은 필리핀 이민의 A부터 Z까지 설명하는 책이 아니다. 출국 과정부터 실생활에 필요한 정보는 객관적인 사실이기 때문에 얼마든지 다른 매체를 통해 확인할 수가 있으며, 이것을 위해 도움을 주는 기관도 매우 많다. 이 책은 표면적인 필리핀의 이야기보다는 더 깊숙이 숨겨진 필리핀의 핵심을 들추어내려고 한다. 지금부터 이 책이 말하는 필리핀의 이야기를 기억해 두면, 여러분이 필리핀 생활에서 겪는 어려움을 헤쳐 나가는 데 많은 도움이 될 것이라고 자신한다. 이제 여러분이 꼭 알아야 할 필리핀 이야기를 시작하려고 한다.

Part 02

걱정 많은 한국인을 위한 필리핀의 진실

07

태풍의 길목 필리핀

우리가 아는 필리핀은 매년 홍수에 시달려 수많은 이재민이 발생하는 국가이다. 그래서 필리핀 이민을 생각하다가도 홍수 피해 때문에 망설이는 사람도 꽤 많다.

우리가 세계 뉴스에서 접해 온 필리핀은 매년 홍수에 시달려, 수많은 이재민이 발생하는 국가이다. 이것은 필리핀이 태풍의 길목인 태평양 부근에 있기 때문에 비가 잦고, 그 강수량도 어마어마한 탓이 가장 클 것이다. 게다가 홍수에 대비하려는 정부의 도시 계획이 매우 허술하고, 배수 시설이 잘 정비되어 있지 않다는 점이 매년 더 큰 홍수 피해를 낳는 원인이다.

태풍 때문에 너울 치는 파도

필리핀이 이런 형편이기에, 필리핀 태풍과 홍수 피해를 알리는 뉴스가 보도되면 필리핀에 가족이 있거나, 자녀를 유학 보낸 학부모들은 불안한 마음이 들고, 특히 그들과 전화 통화가 되지 않으면 밤잠을 이루지 못하게 된다. 이 책을 읽는 여러분도 필리핀 하면 떠오르는 홍수의 이미지 때문에 이민을 망설이는 분이 계시리라 본다. 기껏 모든 것을 정리하고 필리핀에 자리를 잡았는데, 홍수 때문에 내 집, 내 사업, 그리고 가족들까지 물에 휩쓸려 잃게 되는 것은 아닌지 걱정이 이만저만이 아닐 것이다.

고급 빌라의 모습

하지만 이 시점에서 우리가 생각해 봐야 할 것은 한국에서는 홍수 피해가 아예 없느냐 하는 것이다. 한국에서도 매년, 특히 최근에는 더욱 심하게 홍수 피해가 발생하고 있다. 하지만 모든 지역이 다 홍수 피해를 보는 것은 아니다. 태풍이 상륙하면 한국에도 홍수 피해의 우려가 있는 지역이 있고 그렇지 않은 지역이 있는 것처럼 필리핀도 마찬가지이다.

한국에서 번듯한 고급 빌라에 사는 사람들이 홍수 피해를 걱정할까? 물론 요즘은 폭우가 오면 강남 한복판이나 광화문 광장이 침수되는 것도 생소한 일은 아니지만, 이것도 그곳이 배수되지 않아서 생긴 일이지 기본적으로 배수 시설이 잘 갖추어진 번화한 도시는 홍수의 걱정에서 조금은 멀리 있다고 봐도 좋을 것이다. 태풍 속보를 보다 보면 아래에 한 줄 기사로 '상습 침수 지역'에 사는 주민에게 대피령을 내렸다는 보도를 본 적이 있을 것이다. 필리핀과 비교하여 홍수 대비 계획이 훨씬 잘 짜여 있고 배수 시설도 잘 갖추어진 한국에서도 여전히 상습 침수 지역이 존재한다는 말이다. 상습 침수 지역은 아무래도 다른 곳보다 지대가 낮거나, 배수가 잘 안 되고 건물이 낙후된 곳일 확률이 높다.

다시 필리핀으로 눈을 돌려 보자. 보통 필리핀에서 한국인

수많은 섬으로 이루어진 필리핀

홍수 속에서 탈출하는 필리핀 사람들

은 부유하고 시설이 좋은 지역에 산다. 이런 곳도 우리 생각처럼 홍수 피해가 심할까?

필리핀은 7천 개의 섬으로 이루어진 탓에 통신 시설이 통합적으로 구축되어 있지 못하고, 한국만큼 인프라가 안정적으로 구축되어 있지 못하기 때문에 태풍이 불면 정전이 되거나 인터넷이 끊기는 일이 다반사다. 하지만 한국인과 필리핀 상류층이 주로 거주하는 필리핀 '부촌'의 주택가는 애초부터 침수 가능성이 없는 곳에 지어졌고, 배수 시설이 잘 갖추어져 있기 때문에 태풍의 피해를 당할 가능성이 거의 없다고 보면 된다.

최근 필리핀을 강타한 태풍 사올라로 인해 필리핀 전국에 홍수가 나고, 수도인 마닐라가 60%나 물에 잠기며 발생한 이재민만 해도 50만 명에 달했다.

하지만 이런 물난리 속에서도 필리핀 중산층들과 한국인들이 주로 거주하는 '보니파시오'와 '산타로사'는 이런 홍수 속에서도 아무런 피해 없이 평온하기만 하다. 즉, 필리핀으로 가는 한국인들은 홍수 걱정은 전혀 할 필요가 없다는 이야기이다. 단, 꼭 빈민가로 가서 살고 싶다고 한다면 예외겠지만 말이다.

폭우에도 비교적 평화로운 도심의 모습

08

한국인은 필리핀 교통경찰의 '봉'이다

어떤 사람은 필리핀 교통경찰에게 한국 사람이 '봉'이라고 말한다. 우리가 만만해서가 아니다. 한국인을 '봉'으로 보는 것은 잘 봐 달라고 주는 뒷돈 때문이다.

이건 어느 나라로 가든 마찬가지겠지만, 외국에서 대중교통을 이용하기가 쉽지 않다는 것쯤은 모두 알고 있을 것이다. 아무래도 수년간 살아온 한국의 대중교통 체계에 익숙하다 보니, 다른 나라의 대중교통은 낯설고 어렵게 느껴지는 것이 당연하다. 특히 필리핀에서의 대중교통 이용은 왠지 모르게 안전하지 않다는 인상을 주어 꺼리는 경우가 많다. 물론 몇 가지만 주의해서 이용한다면 매우 싼값에 안전하게 필리핀 곳곳을 누빌 수 있으나, 그래도 '내 차가 제일'이라고 하는 사람들은 필리핀 운전면허를 취득하여 자가용을 몰고 다닐 생각을 할 것이다.

보니파시오에 있는 한국 대사관

필리핀에서 운전면허를 발급받는 방법은 어렵지 않다. 아래의 두 가지 단계를 거치면 브로커를 통하지 않고도 자신이 직접 운전면허를 발급받을 수 있다.

필리핀에서 운전면허를 발급받는 방법

1단계

여권과 한국 운전면허증을 가지고 주필 한국대사관에 가서 공증받기 (비용: 180페소)

2단계

여권과 한국 운전면허증, 그리고 한국대사관에서 받은 공증 서류를 가지고 LTO(필리핀 교통국)에 가서 필리핀 운전면허증 발급받기

- 소변검사로 약물 반응 검사
- 직원이 부르면 사진을 찍고, 사인 후 운전 면허증 받기
- 비용: 접수 비용 400페소, 운전면허증 수수료 618페소

※ 참고: 필리핀 1페소=한화 약 26원 (2013년 1월기준)

절차가 매우 간단하긴 하지만 운전면허를 본인이 직접 발급받으려고 하면 줄을 서고 기다리는 데에 하루를 다 보내기 때문에 브로커에게 맡기는 사람도 많은데, 그들에게 맡기려면

여기에 수고비로 500페소 정도를 추가로 지불한다고 생각하면 된다.

이렇게 간단한 방법으로 운전면허증을 발급받았다면 편안하게 내 차를 몰고 도로를 달릴 일만 남았다. 그런데 어떤 사람들은 필리핀 교통경찰에게 한국 사람이 '봉'이라고 이야기한다. 왜 그럴까? 한국인을 만만하게 생각하는 탓일까?

물론 그런 건 아니다. 교통경찰들이 한국인들을 '봉'으로 생각하는 이유는 한국인이 찔러주는 뒷돈 때문이다. 신 나게 차를 몰고 나갔다가 깜빡 잊고 운전면허증을 가지고 오지 않은 것을 깨달았는데, 운 나쁘게도 도로에서 경찰에게 걸리면 매우 당황하여 1,000페소씩 주는 한국인이 많다. 물론 이렇게 뒷

운전면허증을 발급받을 수 있는 LTO

돈을 주는 것은 명백히 잘못된 일이고, 교통 법규를 위반했다면 그에 따른 범칙금을 내는 것이 당연하다. 하지만 낯선 타국에서 법규를 위반한 기록이 생기면 필리핀에서의 생활에 지장이 생길까 봐 두려운 마음에 이렇게 뒷돈을 찔러주게 되는 것이리라. 인정하기는 싫지만 아무래도 한국에 만연한 '뒷돈 관행'이 필리핀에서도 그대로 드러나는 것이 아닐까 생각한다. 사실 '뒷돈 관행'으로 말하자면 우리나라는 비교할 수도 없을 정도로 심한 곳이 필리핀이기에 이런 특성을 아는 사람이 뒷돈을 주었는지도 모르겠다.

하지만 필리핀 범칙금이 어느 정도인지 안다면 왜 필리핀 교통경찰들이 한국인을 '봉'으로 생각하는지, 1,000페소의 뒷돈이 얼마나 허무한 돈인지 쉽게 이해할 수 있을 것이다. 필리핀에서 '운전면허증 미소지'의 경우 벌금이 150페소에 불과하다. 당당하게 범칙금을 냈다면 150페소면 끝날 일을 그 6배가 넘는 금액을 주고서도 굽실거리기까지 해야 하니, 여러모로 손해 보는 장사가 아닐 수 없다. 그러하니 필리핀 교통경찰에게는 한국인이 '봉'으로 보일 수밖에 없지 않을까?

1차적으로 교통법규를 준수해야 함은 당연한 사실이지만, 혹시라도 여러분에게 닥칠 만일의 사태에 대비하여 주요 범칙금이 어느 정도인지는 알아둘 필요가 있다. 그럼 더는 필리핀 경찰의 '봉'이 될 필요가 없다.

필리핀의 교통 범칙금

운전면허증 미소지: 150페소
신호 위반: 150페소
주차 위반: 150페소
무리한 추월과 불법 유턴: 150페소
5부제 위반: 300페소
무면허 운전: 750페소
음주운전 2회 적발 시: 2,000페소, 운전면허 1년 정지

09

필리핀과 미국, 어디가 더 위험할까

필리핀은 사회 시스템이 미국과 흡사하게 구축된 나라이기에, 총기 판매 역시 허용된다. 그래서 필리핀에서의 생활을 위험천만한 것으로 오해하는 사람이 많다.

우리가 필리핀에 대하여 걱정하는 문제가 또 한 가지 있다. 바로 총기 소지가 자유롭다는 점이다. 필리핀은 미국의 식민 지배를 받던 시대(1898년~1946년)에 헌법, 정치 제도를 비롯한 거의 모든 것이 미국에 맞추어 사회 시스템이 구축된 나라이다. 그래서 미국과 똑같이 총기 판매가 허용되고 있다. 바로 이 점 때문에 필리핀이 마치 무법천지인 것으로 오해하고, 필리핀에서의 생활이 위험천만한 것으로 생각하게 되는 것이다. 하지만 민간인이 소형무기를 소지한 수를 나타낸 통계(제네바국제학연구소 연구 자료)를 보면 필리핀은 10위 안에도 끼지 못한다.

통계에서 보듯이 필리핀은 우리가 생각하는 것만큼 개인이 총기를 많이 소지한 나라가 아니다. 또한 원한다고 해서 총을 쉽게 가질 수 있는 것도 아니다. 우선 총을 가지고 다니려면 필

민간인 총기 보유 국가 순위

1위 미국: 약2억 7,000만 정
2위 인도: 약 4,600만 정
3위 중국: 약 4,000만 정
4위 독일: 약 2,500만 정
5위 프랑스: 약 1,900만 정
6위 파키스탄: 약 1,800만 정
7위 멕시코: 약 1,550만 정
8위 브라질: 약 1,530만 정
9위 러시아: 약 1,275만 정
10위 예멘: 약 1,150만 정

리핀 정부가 권한을 부여하는 총기 소지 허가증이 필요하다. 그런데 이것을 취득하는 비용이 웬만한 서민의 벌이로는 감당하기 어려운 수준이며, 총기의 가격 또한 만만하지는 않은 수준이라 일반 서민이 총기를 가진다는 것은 거의 불가능하다고 봐야 한다. (뒤에서 언급하겠지만, 필리핀은 화폐 가치가 매우 낮을 뿐 아니라, 월급도 우리가 짐작하는 것보다 훨씬 적게 받는다.) 게다가 면허를 취득하는 과정도 매우 까다로워 엄청난 지위나 재력을 가진 집안이나 공무원이 아니라면 개인의 총기 소지는 사실상 불가능하다.

이런 이유로 필리핀에서 거리를 걷는 사람 중 총기를 품에 숨기고 있는 사람은 없다고 봐야 한다. 총기를 가지고 있는 사람들은 거의 각 상점 앞에 서 있는 가드Security Guard뿐이다. 가드가 경찰관은 아니지만 사설 경비원(혹은 경호원)이라고 보면 된다. 가드에 대해 잠깐 이야기해 보자면 필리핀에는 관공서, 은행, 쇼핑몰, 영화관, 전철 등 거의 모든 건물 앞에 가드가 상주하고 있다. 이들은 상점 앞에 서서 그 건물에 들어가는 손님들의 짐을 일일이 검사한다. 혹시 총기 같은 위험한 물건을 가지고 들어가지는 않는지 검사하는 것이다. 물론 급한 경우에는 이것이 매우 귀찮게 느껴질 수도 있지만, 이들이 있기에 필리핀의 거리는 더욱 안전해진다고 볼 수 있다. 정말 거의 모든 건

물에 가드가 상주해 있으므로, 가드의 철저한 감시망 때문에 감히 총기나 무기를 반입할 엄두를 낼 수 없기 때문이다.

이렇게 보면 총기 소지가 자유롭다는 점 때문에 필리핀의 치안 상태를 걱정할 필요는 없는 것 같다. 그런데도 왜 우리는 필리핀이 유독 치안이 불안정하고 총기 사고가 자주 일어날 것 같다고 느낄까?

아래 왼쪽의 사진은 미국의 총기 판매점 사진이다. 미국은 운전면허보다 총기 소지 허가증을 따기가 더 쉬우며, 권총이나 소총뿐 아니라 기관총까지 자유롭게 구매할 수 있다고 한다. 또 아래 오른쪽의 사진은 핀란드에서 일어난 10대 청소년의 총기 난사 사건의 현장 사진이다. 핀란드는 치안이 아주 안

미국의 총기 판매점

핀란드의 총기 난사 사건

정된 국가로 손꼽힘에도 이런 끔찍한 사건이 일어났다. 이처럼 우리가 선진국이라고 생각하는, 그래서 아무 거리낌 없이 마음 놓고 여행을 떠나는 나라에서도 총기 난사 사건은 존재한다. 오히려 개인의 총기 소지 비율이 필리핀보다 월등히 높은데도 우리는 별 두려움 없이 어학연수를 떠나고 여행을 가며 심지어는 이민을 꿈꾼다. 말하고 싶은 것은 이민을 떠나지 말라는 것이 아니고, 필리핀 치안 상태에 대한 두려움을 없애라는 말이다. 필리핀은 우리의 생각보다 안전한 나라이다.

마지막으로 필리핀의 치안에 대하여 이것을 기억해 두면 좋을 것이다.

특히 친절한 스타벅스 가드

첫째, 필리핀은 미국, 브라질, 멕시코보다 치안이 안정된 나라이다.

둘째, 밤늦게, 그것도 외진 곳에 가면 위험한 것은 어느 나라든 마찬가지이다. 필리핀도 밤늦게 외진 곳에만 가지 않으면 매우 안전한 나라이다.

셋째, 혹시 위험을 느낄 때에는 곳곳에 있는 가드에게 도움을 요청하면 매우 안전하다.

10

한국이나 필리핀이나 도박을 조심하라

필리핀 하면 떠오르는 카지노, 이곳은 한국인의 핫플레이스다. '카지노 에이전시'들이 무료 여행을 미끼로 한국인들에게 필리핀 카지노 행을 유도하고 있기 때문이다.

강원도 정선군에 가면 '강원랜드'가 있다. 강원랜드라고 하면 자연스럽게 카지노가 머리에 떠오를 것이다. 그런데 이곳을 찾던 우수 고객(?)들이 지금은 필리핀의 카지노로 발길을 돌리고 있다고 한다. 왜냐하면 강원랜드 주변에서 활동하는 '카지노 에이전시'들이 3천만 원 이상의 고액 게임머니를 예치하고 강원랜드를 이용하는 고객들에게 왕복 항공권, 고급 호텔 숙박권, 유흥비 등 일체의 여행 경비를 무료로 제공하면서 필리핀의 카지노로 발길을 돌리게 하고 있기 때문이다.

그래서 무료 왕복 항공권으로 필리핀에 온 이들은 고급 호

카지노 에이전시에서 숙박권을 제공하는 필리핀 고급 호텔

텔에서 무료로 숙박을 하면서 카지노에 상주한다고 한다. 여기까지만 들으면 매우 좋은 조건의 여행이라고 생각할지도 모른다. 항공권에 숙박권에 유흥비까지 제공한다면 공짜 여행이나 다름없는 셈이 아닌가? 카지노 에이전시에서 제공하는 것이니 기본적으로 카지노 여행 코스는 포함되어 있겠지만, 어차피 여행 경비가 들지 않으니, 그만큼을 카지노의 게임 비용으로 지불했다고 생각하면 즐겁게 한 판 놀면서 돈도 아끼는 것이니 솔깃한 제안이 아닐 수 없다.

하지만 생각해 보자. 세상 어느 상인이 손해 보는 장사를 할까? 상인들의 '밑지고 판다'는 말은 가장 믿을 수 없는 말인 걸 누구나 잘 안다. 물론 개중에는 부득이한 사정이 생겨 재고를

필리핀의 유명 카지노

처리하기 위함도 있겠지만, 대부분 상인의 '밑지고 판다'는 말은 거짓말이다. 그들이 자선 사업가도 아닌데, 수익이 없는 일을 자신의 생업으로 삼을 리가 있을까?

즉 세상에 공짜는 없다는 말이다. 카지노 에이전시도 넓게 보면 '장사꾼'이므로, 밑지는 장사를 할 리가 없다. 에이전시가 계속 운영될 수 있는 것도 모두 그들에게 수익이 있으니 가능한 일이다. 그들이 우리에게 왕복 항공권, 고급 호텔 숙박권, 유흥비까지 제공한다면 마땅히 그에 상응하는, 아니 그 몇 배에 달하는 대가를 받아야 수익이 날 것이다.

그들은 카지노에 고객을 소개하고 그 고객이 도박으로 잃은 돈에 대해 일정 비율로 수수료를 받는 것으로 수익을 낸다. 때로는 자금이 떨어진 고객에게 급전을 알선해 주며 돈을 벌기도 한다. 고객이 돈을 잃으면 잃을수록 그들의 이익이 커지는 구조이기에, 아무래도 돈을 잃기 쉬운 방향으로 유도할 확률이 높다. 그들이 원하는 방향으로 따르다 보면 어느새 빈털터리가 되어 있는 자신을 발견하게 되고, 조금만 더 하면 될 것 같은 생각 때문에 급전에 손을 대게 되면, 그때부터 조직폭력배의 영향에서 벗어날 수 없다.

우리나라에도 강원랜드가 생겨난 후, 패가망신의 길을 걸은 수많은 사람이 뉴스에 등장한 것을 본 기억이 있을 것이다. 강원랜드 주변에 무수히 생겨난 전당포, 대부업체, 암암리에 일어나는 매춘과 이들 전체에 관련된 조직폭력배가 바로 이들을 어둠의 길로 이끈 주범이다.

필리핀이라고 다르지 않다. 도박장 근처에는 늘 범죄가 들끓게 마련이고 돈이 있으면 고객이지만, 돈이 떨어지는 순간부터 대우가 확연히 달라지는 곳이 바로 카지노다. 더구나 사채를 빌렸다면 한국에서와 마찬가지로, 아니 어쩌면 그보다 더 깊은 구렁에 빠질 수가 있다. 강원랜드에서 돈을 잃고 사채업자에게 쫓기다가 필리핀으로 도피한 사람들은 카지노 주변에서 앵벌이로 살거나 혹은 범죄세계에 빠져드는 경우까지 있다.

그리고 한 가지 더 알아두어야 할 것은 현재 필리핀에서 일어나는 한국인 관련 범죄가 거의 카지노에서 시작되고 있다는 사실이다. 얼마 전 납치 암매장된 한국인 재력가 사건도 카지노 에이전시가 범인 중의 한 명으로 포함되어 있고, 피해자도 카지노 사업과 관련된 것으로 밝혀졌다. 카지노는 큰돈이 오고 가는 곳이기에 그에 얽힌 범죄가 일어날 확률이 높다. 그러므로 필리핀 생활의 안전을 보장받으려면 카지노를 멀리해야 할 것이다. 한국에서나 필리핀에서나 가벼운 게임으로 끝내지 않을 것이라면 그곳은 상당히 위험하다. 특히나 성격이 급하고 목숨 걸고 게임을 하는 한국인의 본성을 생각한다면 우리에게는 더더욱 경계해야 할 장소이다.

11

한국인 납치 사건

최근 몇 년 사이에 필리핀에서 한국인 관광객이 납치되는 사건이 종종 발생하고 있다. 그래서 필리핀은 매우 위험한 나라로 인식되고 있지만, 우리가 조심하면 피할 수도 있는 문제이다.

필리핀은 7천 개의 아름다운 섬과 천혜의 자연환경을 가져, 관광지로서 매우 매력이 넘치는 나라이다. 그래서 매년 각국의 수많은 사람이 필리핀으로 여행을 떠난다. 이 관광객 중 단연 1위를 차지하는 사람들이 바로 한국인이다.

그런데 최근 몇 년 사이에 필리핀에서 한국인 관광객이 납치되는 사건이 종종 발생하고 있다. 여러 언론 매체가 필리핀의 한국인 관광객 납치사건을 보도 하였고, 모 방송사의 '그것이 알고 싶다'라는 프로그램에서 한국인 관광객 납치 조직을 추적하면서 필리핀은 여행하기에 매우 위험한 나라로 인식되었다.

이 책은 필리핀 여행을 위한 책이 아닌데, 왜 자꾸 관광객 이야기를 할까? 하지만 이것은 여러분에게도 해당하는 이야기이다. 앞에서 필리핀 이민을 가려면

필리핀을 찾은 관광객들

먼저 관광비자로 1년 살아보라고 했던 말이 기억날 것이다. 이민은 무턱대고 실행할 수 있는 일이 아니기에 사전 답사가 필요하다. 필리핀 사전 답사가 한국 안에서 가능한 것도 아니고, 필리핀 땅에 내려서야만 하는 일이니 당연히 여러분에게도 일어날 수 있는 일이다.

외국 여행에서의 피랍 사건이라고 한다면 어떤 상황이 먼저 떠오르는가? 공항 문을 나서자마자, 혹은 여행을 하는 중에 납치범들이 다짜고짜 총으로 위협해서 차에 강제로 실리는 이미지가 떠오를지도 모르겠다. 하지만 사실은 그런 식으로 납치되는 경우가 거의 없다. 그럼 납치는 어떻게 이루어질까?

납치 작업은 필리핀으로 떠나기도 전, 여러분이 지금 접속

모 방송사 프로그램 "그것이 알고 싶다"

해 있을지도 모르는 여행 관련 커뮤니티에서부터 시작된다. 납치범들은 먼저 커뮤니티에서 납치 대상을 끌어들이기 위해 이런 식의 글을 올리거나 쪽지를 보낸다.

> 필리핀 유학생입니다. 세부 자유 여행하실 분들 연락주시면 가이드보다 훨씬 저렴하고, 훨씬 친절하게 안내해 드릴게요. 알바해서 유학 비용 벌어 보려구요.

여러분이 필리핀 여행을 계획하는 중에 이런 글을 본다면 무시할 것인가 아니면 반가운 마음으로 계속 연락을 주고받을 것인가? 무시한다는 의견이 대다수이겠지만, 참 희한한 것은 이런 글이나 쪽지를 보내면 꼭 걸려드는 사람이 있다는 것이다. 오히려 국내여행을 할 때는 '제주도 함께 여행해요.'라고 하거나 '통영 같이 갈 친구 구해요.'라고 하며 접근하면 아무도 응하지 않는다. 아마도 해외여행을 할 때는 길도 잘 모르고 겁도 나고, 무엇보다 언어 소통이 안 되는 곳이니 누군가 의지할 동행인을 찾게 되는 것이리라.

그런데 혼자 여행하는 게 겁이 난다면 단체 여행을 하면 될 텐데 왜 굳이 자유 여행을 하는지 의문이다. 물론 단체 여행이 자유 여행보다 제약도 많고 불편한 것은 사실이다. 하지만 그런 이유에서 단체 여행을 꺼린다면 커뮤니티에서 함께 여행할 사람은 왜 찾는 걸까? 커뮤니티에서 만난 사람도 따지자면 얼굴도 본 적 없는 남이다. 상식적으로 생판 모르는 사람과 여행을 같이 하면 불안한 건 물론이고, 우선 불편하지 않을까? 그리고 나와 어떤 연관도 없는 사람이 나를 위해 시간을 내어 가이드를 자처한다면 그것도 좀 이상한 일이 아닐까?

아무튼, 본격적인 문제는 이런 수상한 꼬임에 넘어간 사람이 필리핀에 도착하면서 일어난다. 필리핀에 도착하면 공항에는 친절한 가이드를 가장한 납치범이 마중을 나오고 술도 한잔 사주면서 안심을 시킨다. 그리고 하룻밤을 푹 쉬면, 다음 날 아침에 여행지에 데리고 간다는 핑계로 납치범이 차를 가지고 오는데 그 차에 타는 순간 바로 납치가 이루어지는 것이다. 여러분이 생각했던 납치보다 훨씬 허무할지도 모르겠다. 하지만 필리핀에서 발생한 대부분의 납치 사건이 이런 식으로 이루어졌다고 하니 우습게 넘기지 말고 주의해야 할 것이다.

결론을 이야기하자면 필리핀에 관광을 가든 사전 답사를 가든 딱 한 가지만 주의하면 이렇게 납치 될 것을 걱정하지 않아도 된다.

인터넷을 통해 접근해 오는 낯선 사람과 여행을 하지 말라.

만약 여러분이 인터넷 커뮤니티를 통해 수상한 쪽지를 받았다면, 그리고 그 사람과 만나서 함께 여행하기로 약속을 정했다면, 이 책을 읽은 지금부터는 그 사람과 아무 연락도 하지 말고 그냥 없었던 일로 하라! 여러분과 필리핀 여행을 같이 하기로 한 그 사람이 위험한 인물일 수도 있기 때문이다.

12

한국 교민 vs 중국 화교

필리핀 상류층 중에는 중국 화교가 많다. 이에 비해 한국 교민들의 영향력은 비교할 수 없을 정도로 미미한데, 체류 기간의 차이도 있지만 필리핀을 대하는 태도에서부터 차이가 있다.

필리핀의 10대 재벌 중 7명이 중국인 화교일 정도로 필리핀 내에서 중국인 화교들의 영향력은 막강하다.

필리핀 재벌 기업
SM 그룹 회장도 화교 출신

이에 비해 한국인 교민들은 필리핀에서 사업에 성공하여 자리를 잡은 사람이 얼마 되지 않아 그 영향력이 중국 화교들과 비교하는 것조차 힘들 만큼 미미하다. 일부 사람들은 '국민성'의 문제가 이런 결과를 가져왔다고 하며 이런 말을 한다.

중국인 화교들은 똘똘 뭉쳐서 서로 사업이 잘되도록 하는데 한국인 교민들은 잘되는 사업이 있으면 곧바로 그 옆에 똑같은 가게를 차려서 같이 망한다.

물론 아주 틀린 말은 아니다. 하지만 내 생각에는 한국 교민들이 중국 화교들을 이기지 못하는 데 다음의 두 가지의 이유가 있다고 생각한다.

첫째, 필리핀 이민 '400년'이 넘은 중국인 화교들과 '20년' 조금

넘은 한국인 교민은 비교 대상이 안 된다. 중국 화교들은 1590년대부터 필리핀으로 이주하기 시작하여 뿌리를 내렸던 데 비해, 한국 교민들은 1990년대부터 이주하기 시작한 필리핀 초보이다. 400년의 세월과 20년의 세월을 어떻게 비교할 수 있을까.

둘째, 중국 화교들은 '합법 우선, 편법 보조'인데 비해 한국 교민들은 '편법 우선, 합법 보조'이기 때문이다. 무슨 말인지 금방 이해가 되지 않는다면, 몇 가지 예를 들어보겠다.

필리핀은 21일 동안은 비자가 없어도 입국이 가능하다. 하지만 21일보다 더 머무르려면, 비자 연장이 꼭 필요하다. 그런데 필리핀 어학연수 프로그램을 보면 방학을 활용한 4주간의 연수 과정이 아주 많다. 필리핀은 법적으로 SSP Special Study Permit 허가증을 신청하지 않고서는, 외국인이 관광비자 혹은 무비자로 입국하여 공부할 수 없게 되어있다. 하지만 이런 4주짜리 단기 연수는 28일만 있으면 되기 때문에 SSP 허가증의 신청 없이 비자 연장만 하는 편

유학원의 상담 창구

법을 쓰는 경우가 많다. 어학연수 중이라는 사실만 걸리지 않으면 된다는 분위기 때문에 이런 식의 편법을 쓰는 한국인이 많은 것이다.

또 중국 화교들은 본국에서 먹고 살기 어렵다는 이유로 필리핀으로의 이주를 시작했다. 생존을 위한 이주였기에 그들은 필리핀을 깔보는 태도 없이 그 사회에 자연스럽게 동화되려고 노력했다. '필리핀 사람'이 아닌 '외국사람'이 되면 필리핀 사회에서 살아남기는 힘들어지기 때문이다. 그래서 기본적으로 필리핀의 법을 지키면서 불가피한 경우에만 뇌물 등의 편법을 이용하는 방법을 취했다.

반면에 한국 교민들은 필리핀이라는 국가를 대하는 태도부터 중국 화교들과 달랐다. 지금도 마찬가지이긴 하지만, 우리는 보통 필리핀을 한국보다 한 수 아래의 후진국으로 본다. 기본 바탕에 무시하는 태도를 깔고 접근하니, '필리핀 사람'이 되려는 노력을 할 리가 없다. 그래서 필리핀에 살면서도 필리핀 법을 지키기보다는 뇌물 등의 편법으로 빠른 처리를 하려는 경향이 강한 것이다. 편법만을 쓰려니 당당하지 못하여 늘 약점이 많고, 약점이 많다 보니 필리핀 사회에서 목소리를 크게 내는 것이 현실적으로 어려운 형편이다.

Part 03

필리핀에는 어떤 사람들이 살고 있을까

13

계층 불균형의 나라, 필리핀

필리핀 사회는 다수가 서민 이하의 경제력을 가진 빈민이 차지하고 있다. 반면 고작 10%에 불과한 상류층은 국민 재산의 90%를 소유하고 있다고 하니, 사회 불균형이 얼마나 심각한지 알 수 있을 것이다.

필리핀에서 밤거리를 걷다 보면 5세에서 8세쯤 되어 보이는 어린아이들이 맨발로 다니면서 구걸을 한다. 심지어 편의점 앞 쓰레기통을 뒤져 그 안에 버려진 콜라와 햄버거로 끼니를 때우는 모습이 보다. 이런 곤궁한 생활은 어른이라고 다르지 않다. 보통 담배의 단위는 '갑'이지만 필리핀 서민의 대부분은 담배를 한 갑씩 사지 못하고 좌판에서 2~3개비(한화로 100원)씩 사서 피운다.

이것이 바로 필리핀 사회 계층의 대부분을 차지하는 서민의 모습이다. 필리핀은 중산층과 상류층이 거의 없는 국가로 다

버려진 콜라와 햄버거로 끼니를 때우는 아이들

좌판에서 담배를 사가는 남성

수가 서민 이하의 빈민이다.(여기에서 빈민은 서민 중 극소수의 빈곤층을 뜻한다.) 우리가 보통 서민의 경제력이라고 생각하는 수준 이하가 필리핀 서민의 경제력이라는 소리이다. 반면에 필리핀 상류층의 생활은 비할 수 없이 호사스럽기만 하다. 필리핀 사회의 고작 10%를 차지하는 상류층이 국민 재산의 90%를 소유하고 있다고 말하면 더 이상 무슨 설명이 필요할까 싶다. 그래도 여러분에게 필리핀 빈부격차를 더 확실히 보여 드리기 위해 직접 경험했던 이야기를 해야 할 것 같다.

필리핀 부유층들이 사는 고급 빌리지는 한국의 강남 부자들의 집보다 더 호화롭다. 얼마 전 그린필드 개발 회사(필리핀 기

필리핀 고급 주택에 사는 주민

업)에서 분양하는 고급 주택의 수영장을 구경하러 간 적이 있었다.

잘 보이지 않을 수 있겠지만, 사진의 뒤편은 바로 주택에 딸린 수영장이다. 이 수영장을 구경하러 갔다가 그곳에 사는 주민에게 한국에서도 먹어 보지 못했던 초대형 새우를 아주 실컷 얻어먹을 수 있었다.

누구는 담배 한 갑 살 돈도 없고 배고픔에 쓰레기통을 뒤지는데, 다른 누구는 여유롭게 집에 딸린 수영장에서 물놀이를 하고, 왕새우 파티를 열며 외지인에게까지 호의를 베푼다니……. 그들을 타박하는 것은 아니다. 덕분에 잘 얻어먹었고, 그들이 번 돈으로 호화로운 생활을 누리는 데에 불만은 없다. 단지 필리핀의 빈부격차가 이토록 심하다는 것을 말하고 싶은 것이다.

빈부격차야 한국에서도 문제가 되는 부분이니 낯선 것은 아니지만, 필리핀은 그 격차가 더욱 심한 것 같다. 상류층은 그렇다 치더라도 당장 끼니를 해결하기도 어려울 정도의 빈민이 넘쳐날 정도로 많다는 것은 그야말로 심각한 문제이다. 이들은 왜 이렇게 가난한 것일까? 필리핀 사람들이 천성적으로 게으른 탓일까?

우선 결론을 말하자면 그렇지 않다. 필리핀의 빈부 차이는 식민통치의 유산이다. 필리핀도 우리처럼 식민 지배를 받은 아픈 경험이 있는데, 게다가 스페인, 미국, 일본에 돌아가며 약 380년 동안이나 식민 지배를 당했으니 그 영향이 클 수밖에 없다.

여러분도 독립 유공자의 후손은 곤궁한 삶을 사는데, 오히려 친일파의 후손들이 떵떵거리며 잘살고 있는 것을 익히 보았을 것이다. 필리핀도 긴 식민 통치 기간, 특히나 300년 넘게 지배를 당한 스페인 식민지 시대에 권력을 움켜쥔 족벌 가문이 지금까지도 권력을 장악하여 필리핀을 좌우지하고 있다.

임대료 월 120만 원의 부촌 주택

위에서 국민 재산의 90%를 가졌다고 말한 상류층이 바로 이 족벌 세력이다. 각 지역의 600개 족벌 세력은 '입법, 사법, 행정'의 세 권력을 나누어 가지면서 기득권을 유지하고 있으며, 그중에는 땅을 300만 평이 넘게 소유하고 있는 가문도 있다. 필리핀의 절반이 넘는 인구가 농업에 종사하는 현실을 볼 때, 대부분이 이들 대지주의 땅에서 소작농 생활을 한다고 볼 수 있다. 이런 형편이니 자기 땅 한 평 없이 농사를 짓는 필리핀 농민들이 잘살게 될 가능성은 거의 없다.

각 지역의 지방정부도 족벌 세력이 필리핀의 경제력을 쥐고 흔들 수준의 부를 가지고 있으니, 이들 가문의 기득권을 지키는 것을 최우선으로 한다. 그래서 필리핀의 국가적 발전이나 경제 성장이 뒷전으로 밀려나는 것을 당연하게 생각하며, 어떠한 개혁정책을 내놓아도 기득권을 지키려는 족벌 세력의 거센 저항으로 좌절되는 상황이어서 빈부격차가 해결되기 요원해 보인다. 그래서 어느샌가 필리핀의 서민들은 이런 빈부격차를 자연스럽게 받아들이고 체념하고 살고 있는 것 같다.

14

돈 잘 쓰는 필리핀 사람들

필리핀 사람들은 터무니없이 낮은 소득에서 불구하고 다수가 휴대 전화를 사용하고 있으며, 크리스마스가 다가오면 쇼핑몰이 북새통을 이룰 정도로 소비수준이 매우 높다.

필리핀에서 헬퍼(가사 도우미)로 일하는 여성의 평균 소득은 한화로 약 11만 원이고, 가드로 일하는 젊은 남성의 평균 소득은 한화로 약 15만 원이다. 이 금액은 일급일까, 주급일까? 놀랍게도 이 금액은 모두 월 소득을 기준으로 한 금액이다. 한화로 20만 원도 안 되는 돈으로 한 달을 살아야 한다니, 한국에서 아르바이트를 해도 이것보다는 훨씬 많이 벌 수 있을 것이다. 그나마도 대부분의 필리핀 남자들은 일자리가 없어서 빈둥빈둥 백수로 지내는 사람이 허다하다.

이런 터무니없이 낮은 소득에도 불구하고 필리핀 사람들은 다수가 휴대 전화를 사용하고 있으며, 크리스마스가 다가오

필리핀 남자들은 대부분 백수로 이렇게 시간을 보낸다.

면 쇼핑몰이 북새통을 이룰 정도로 소비수준이 매우 높다. 여러분은 언뜻 이해가 가지 않을 것이다. 소득이 낮으면 소비를 줄이는 것이 당연한 이치이거늘, 거리에 빈둥거리는 백수가 넘쳐나는데도 필리핀 사람들의 소비수준은 우리와 다르지 않아 보인다. 필리핀 사람이 사치스러운 탓일까?

이들이 돈을 벌지 않아도 쓸 수 있는 첫 번째 이유는 국외로 취업을 하러 간 가족이 매월 송금하는 돈이 있기 때문이다. 필리핀은 약 1천만 명(인구의 10%)이 국외 근로자 혹은 가정부로 나가서 매년 200억 달러 이상의 돈을 필리핀으로 송금한다. 이들이 송금해 오는 돈으로 살림을 꾸려나갈 수 있기 때문에 필리핀에서 돈을 벌지 않아도 소비를 할 수 있다.

두 번째 이유는 필리핀의 자연환경 속에 있다. 필리핀뿐 아니라 열대 지역에 사는 사람들에게는 특유의 낙천적 기질이 있다. 돈이 없어도 얼어 죽을 일이 없고, 풍부한 열대 과일이 있

필리핀 해외 근로자들의 작업 현장

어 굶어 죽을 가능성이 적기 때문에 열대 지역 사람들은 대체로 낙천적인 성격을 가진다.

하지만 필리핀 사람들이 사치스러워 보이는 데에는 바로 지금 말하려고 하는 세 번째 이유가 가장 클 것이다. 바로 이전 글에서 말했던 것처럼 필리핀에는 족벌 세력이 필리핀의 권력을 꽉 잡고 있다. 힘이 있는 가문이 각 지역의 군주로 군림하며 모든 권력과 경제력을 독점한다. 이런 불평등한 사회 구조는 서민들이 언젠간 잘 살 수 있을 거라는 막연한 꿈조차 갖기 어렵게 한다. 미래에 대한 희망이 없는 사람은 발전할 수가 없다. 어찌 보면 필리핀 사람들은 자포자기의 심정으로 그저 '지금'을 즐겁게 사는 것인지도 모르겠다.

필리핀 대선·총선에 출마한 전·현직 대통령 가족

입후보자	관계	입후보직
베니뇨 노이노이 아키노	코라손 전 대통령·아키노 전 의원 아들	대통령 후보(현 상원의원)
마누엘 마르 로하스	로하스 전 대통령 손자	부통령 후보(현 상원의원)
글로리아 마카파갈 아로요	마카파갈 전 대통령 딸	하원의원 후보(현 대통령)
호세 미겔 아로요	아로요 현 대통령 남편	하원의원 후보
후안 미겔 미키 아로요	아로요 현 대통령 아들	하원의원 후보(현 하원의원)
이멜다 마르코스	마르코스 전 대통령 부인	하원의원 후보
페르디난드 봉봉 마르코스	마르코스 전 대통령 아들	상원의원 후보(현 하원의원)
마리아 이멜다 마르코스	마르코스 전 대통령 딸	주지사 후보(현 하원의원)
호세 징고이 에스트라다	에스트라다 전 대통령 아들	상원의원 후보(현 상원의원)
라몬 막사이사이 주니어	막사이사이 전 대통령 아들	상원의원 후보(현 상원의원)

15

한국과 다른 필리핀의 초대 예절

필리핀에 있다 보면, 사업상 목적이든 친목을 위해서든 필리핀 사람들을 식사에 초대할 일이 생긴다. 하지만 필리핀의 초대 예절은 우리가 아는 것과 조금 다르므로 주의해야 한다.

필리핀에서 거주하거나 사업을 하다 보면, 친목을 위해서든 사업상 필요에 의해서든, 필리핀 사람들을 식사에 초대하게 되는 일이 생긴다. 한국에서 하던 대로 하면 될 것 아니냐 하는 생각이 들겠지만, 필리핀인들의 초대 예절은 한국인이 알고 있는 것과 조금 다르다.

먼저 여러분이 가깝게 지내는 필리핀 부부를 식사에 초대했다고 가정해 보자. 모처럼 초대하는 친구에게 즐거운 시간을 안겨 주고 싶은 마음이 클 것이다. 그래서 친구의 식성을 고

완벽한 테이블 세팅

려한 맛있는 음식을 준비한 후, 이렇게 근사하게 상을 차려 놓고 기다리는데, 친구는 약속한 시간이 지나도 그림자조차 보이지 않는다.

조금 늦는 것쯤이야 그런가 보다 하고 넘어갈 수 있지만, 아무 연락도 없이 시간이 지나다 보면 좀 황당하기도 하고 무슨 일이 있나 걱정도 되다가, 약속 시각이 아주 한참 지난 뒤에야 얼굴을 드러내면 자신도 모르게 짜증이 솟구친다.

하지만 필리핀에서는 이런 상황은 언제든 일어날 수 있기 때문에 조금은 너그러운 마음으로 초대받은 사람을 기다려 주어야 한다. 필리핀에서는 초대를 받으면 약속한 시간보다 30분 정도 늦게 가는 것이 예의이기 때문이다. 열대 지방 특유의 느긋하고 느린 풍습으로, 초대한 주인이 여유 있게 식사 준비할 수 있도록 배려하는 것이라고 한다.

그런데 느지막하게 나타난 이 필리핀 친구의 뒤에 많은 사람이 반갑게 인사를 하며 따라 들어온다. 이 부부의 아들과 딸, 그리고 부모님, 여기에 가까운 친척 두어 사람도 함께 왔다고 한다. 분명히 필리핀인 부부 단 '두 사람'만 초대했는데, 이 많은 사람이 한꺼번에 들이닥치면 일단 당황스럽기 그지없다. 준비한 음식도 턱없이 모자라는 분량이라 어찌해야 할지

식사 초대에 총출동한 필리핀 가족

막막하다. 그런데 필리핀 문화에서는 초대를 받으면 자기 식구들 모두 데리고 가는 것이 전혀 이상한 일이 아니다. 또 음식이 모자라도 상관이 없다. 준비된 음식이 적어도 같이 나누어 먹는 것으로 만족한다고 한다.

실제로 필리핀 시장조사를 할 때 도움을 준 필리핀 사람에게 점심을 사기로 하고 식사 약속을 잡았더니 식구들이 총출동해서 잠시 당황한 적이 있었다.

자, 어찌 됐든 필리핀 친구 부부, 그리고 그들의 가족과 함께 무사히 식사를 마쳤다. 다 함께 후식을 먹으며 이야기를 나누는데 친구가 선물을 준비해 왔다며 내 앞에 내려놓는다. 이때 매우 기뻐하며 한국에서 하던 대로 그 자리에서 선물을 뜯어본다면, 그 친구는 매우 불쾌한 표정을 지을 것이다.

우리는 누군가에게 선물을 받으면 받은 즉시 뜯어보고, 그에 대해 충분히 기쁨과 고마움을 표한다. 물론 선물을 준 사람이 '이따 혼자 뜯어봐.'라는 말을 덧붙인다면 그럴 수 없겠지만, 보통은 이렇게 하는 것이 선물 준 사람에 대한 예의이다. 하지만 필리핀에서는 그렇지 않다. 선물을 그 자리에서 뜯고 확인하는 순간, 모든 사람이 보는 자리에서 선물 가격이 알려지기 때문에 선물 준 사람이 민망해한다. 그래서 선물은 손님이 가고 난 뒤에 뜯어보고, 나중에 고맙다는 말을 건네는 것이 필리핀의 예의인 것을 알아 두어야 한다.

필리핀에서 선물은 손님이 돌아간 후 봐야 한다

16

필리핀의 국민가수, 프레디 아길라

필리핀은 가난한 나라라는 인식 때문에 필리핀만의 문화도 훌륭한 사람도 모두 가려지는 것은 아닐까 걱정스럽다. 필리핀에도 전 세계적으로 이름을 알린 사람이 있다. 바로 필리핀의 국민가수, 프레디 아길라이다.

혹시나 여러분은 필리핀에 대해 부정적인 시선만을 가지고 있는 건 아닌지 모르겠다. 가난한 나라라는 인식 때문에 필리핀만의 문화도 훌륭한 사람도 모두 가려지는 것은 아닐까 걱정스럽다. 우리나라의 싸이가 빌보드차트에 당당히 이름을 올려 우리 국민 모두를 뿌듯하게 한 것처럼 필리핀에도 전 세계적으로 이름을 알린 사람이 있다. 내한 공연을 오기도 했으니 아마 여러분 중에도 그의 이름을 아는 사람이 있으리라고 생각한다. 그가 바로 필리핀의 국민가수, 노래하는 성자 '프레디 아길라Freddie Aguilar'이다.

그는 1970년대 말, '아낙Anak'이라는 노래 한 곡으로 26개국에서 800만 장이라는 레코드 판매량을 기록하였으며, 1980년대 초에는 빌보드 차트에서 '마이클 잭슨'과 어깨를 나란히 했던 세계적인 가수였다. 그런 위치에 있음에도 그는 인격적으로도 매우 훌륭하다고 칭송받는 사람이었다. 세계적인 가수로서 화려한 기록을 세우던 1980년대에 그는 뉴욕의 대형 공연장이 아니라 필리핀 민중들이 마르코스의 퇴진을 외치는 거리에서 노래했다. 또한, 18세 이후로 자신이 살았던 마닐라의 빈민가를 평생 떠난 적이 없었다. 그는 그곳에서 가난한 어린이들을 위한 학교를 세웠고, 방학을 해도 갈 곳이 없어 학교에 나

빈민촌의 해맑은 아이들

오는 어린이들과 작은 교실에서 기타를 치며 노래를 한다고 한다. 그래서 그를 두고 사람들은 빈민가의 노래하는 성자라고 칭하는 것이다.

만약 프레디 아길라를 몰랐던 분들은 필리핀에도 이런 세계적인 가수가 탄생했다는 사실에 매우 놀랐을 것이다. 또한, 어마어마한 부를 얻을 수 있는 위치임에도 욕심 없이 그저 자신이 살던 빈민가에서 노래를 부르며 필리핀 민중과 함께하는 그의 모습은 '성자'라는 수식을 무색하지 않게 한다. 우리의 편견에 가려졌던 필리핀의 따뜻한 일면이다. 그리고 이런 그가 필리핀 사람들의 정신적 지주 역할을 하는 셈이니, 필리핀 사람들의 마음속에도 프레디 아길라의 따뜻함이 배어있다고 말할 수 있을 것이다. 그러하니 여러분은 필리핀 사람들에게 가지는 편견을 조금 버려도 좋을 것 같다. 필리핀에도 이렇게 훌륭한 사람이 있으니 말이다.

이제 미국의 한 음악 잡지에 실린 프레디 아길라의 인터뷰를 보며 이 글을 마무리 지으려고 한다.

기 자: 당신이 부른 'Anak'이 800만 장이나 팔리는 대박을 터뜨려서 거액의 돈을 번 것으로 알고 있다. 당신에게 들어온 수입이 얼마나 되는가?

아길라: 돈을 많이 번 것으로 알고 있다. 하지만 나는 얼마나 벌었는지 잘 모른다. (웃음) 내가 번 돈은 모두 빈민가 학교를 짓는 데 들어갔기 때문에, 학교를 지은 책임자가 돈을 모두 썼고 나는 돈을 만져보지도 못했다. (웃음)

기 자: 1980년대 당신의 인기는 마이클 잭슨과 버금가는 정도였다. 그런데 당신은 미국으로 오지 않고 마르코스 정권에 저항을 하며 마닐라의 빈민가를 떠나지 않았다. 정치적인 신념 때문이었는가?

아길라: 나는 정치적인 신념 같은 것은 없다. 그 당시 내가 살던 동네에 학교가 지어졌고 나는 거기서 음악을 가르치기로 약속했었기 때문에 미국에 갈 수 없었다. 그리고 마르코스 퇴진을 요구하는 시위 현장에서 노래했던 것은, 사람들이 내 노래를 듣고 싶어 했기 때문일 뿐 특별한 이유는 없었다.

기 자: 세계적인 가수인 당신이 마닐라의 빈민가에서 평생 살고 있다는 것이 특별한 인생이라고 생각하지 않는가?

아길라: 특별한 인생이든 평범한 인생이든 행복해지는 것이 중요하지 않은가? 나는 내가 살아온 이곳에서 행복하게 살아왔고 앞으로도 그럴 것이다.

기 자: 어쨌든 당신은 세계적인 가수였고 그래서 당신 집에는 값나가는 것이 있을 것이라고 생각해서 당신 집에 도둑이 든 적은 없는가? (웃음)

아길라: 내가 살고 있는 동네 사람들은 우리 집에 아무 때나 들어온다. 그리고 우리 집에는 아무 것도 없다는 걸 모두가 알고 있어서 그런 일이 한 번도 없었다. (웃음)

기 자: 요즘도 당신이 학교 유지비를 벌기 위해 마닐라 레스토랑의 관객 20~30명이 모이는 초라한 무대에서 노래하고

있다고 들었다. 그것도 아주 열창을 한다고 들었다.

아길라: 초라한 무대든 화려한 무대든 상관없이 관객은 열창하는 가수를 좋아한다. 비록 지금은 인기가 없어서 내가 받는 돈이 적지만, 우리 학교 아이들의 학용품을 사는 데 보탬이 될 수 있다는 것에 만족한다.

기 자: 당신을 국민가수라 칭하는 사람들이 많다. 왜 정치인으로 나서지 않는가?

아길라: 나는 가수로 행복하게 살아왔고 내가 할 수 있는 건 노래밖에 없다.

기 자: 당신의 꿈은 무엇인가?

아길라: 꿈은 없다. 지금까지 이 동네에서 이웃들과 행복하게 살아왔고 앞으로도 그렇게 살아가고 싶을 뿐이다.

프레디 아길라

17

우리가 생각하는 필리핀 여성

'필리핀 여성'이라고 하면 우리 머릿속에는 대체로 비슷하게 떠오르는 특정한 이미지가 있는 것 같긴 하다. 하지만 그 이미지가 필리핀 여성의 특징이라고 단정할 수는 없다.

미스 월드에 출전한 필리핀 여성

'필리핀 여성'이라는 말에서 우리는 어떤 이미지를 떠올릴까. 포털 사이트에 검색해 보면 필리핀 여성을 평가하거나 그 느낌을 쓴 글이 꽤 많이 나온다. 사람이 사람을 평가하고 그 사람에 대한 잡스러운 이야기까지 늘어놓는다는 것이 썩 올바른 행위라고는 할 수 없지만, 글을 살펴보면 대체로 비슷하게 느끼는 어떤 특정한 이미지가 있는 것 같긴 하다. 하지만 그 이미지가 필리핀 여성의 특징이라고 단정할 수는 없다.

현재 필리핀의 인구는 1억이 넘는데, 그중 여성이 5천만 명쯤 된다. 5천만 명이라는 여성이 모두 똑같이 생기고, 똑같이 행동하며, 똑같은 성격을 가졌을까? 공장에서 찍어내는 로봇이 아닌 이상 그럴 수는 없다. 우리도 누군가가 '한국 남자들은…….' 혹은 '한국 여자들은…….' 이렇게 말하며 평가한다면 일부를 전체로 일반화시키지 말라며 발끈하지 않는가. 실제로 세상에 똑같은 기준으로 규정할 수 있는 사람은 하나도 없다. 그러니 그들도 5천만 명이라는 숫자만큼 다양한 외모와 성격, 그리고 다양한 가치관을 따르고 있을 것이다. 이렇게 보면 필리핀 여성에 대해 우리가 받는 느낌은 필리핀 여성들의 '공통적인 특성'이 아니라 순전히 우리의 개인적인 느낌과 평가에 불과한 것이 아닐까?

한국 남성들은 대체로 필리핀 여행이나 국제결혼을 통해서 필리핀 여성을 직접 만나게 된다. 대부분 이런 개인적인 경험을 통해 필리핀 여성에 대한 평가를 하는데, 이들이 말하는 필리핀 여성에 대한 이미지는 대략 다음과 같이 정리할 수 있을 것 같다.

첫째, 필리핀 여성들은 한국 남성을 무조건 좋아한다.

필리핀 여행을 가서 술집에 가면 필리핀 여성들이 한국 남성을 아주 반기며 좋아한다는 이유 때문에 이런 생각을 한다. 하지만 생각해보자. 한국에서도 술집에 가면 돈 잘 쓰는 남자를 반기고 좋아한다. 한국 남성을 좋아하는 것이 아니라 많이 팔아주는 '손님'을 좋아하는 것이다.

둘째, 필리핀 여성들은 순종적이다.

여행을 간 한국 남자들이 무리한 부탁을 해도 필리핀 여성들은 웃으면서 받아주고 친절하게 대응한다는 이유에서다. 하지만 이것 역시 한국에서도 서비스를 제공하는 업체 하물며 패밀리 레스토랑에만 가도 친절한 미소를 띤 채 손님의 모든 요구에 응해주는 서버가 있는 것을 생각하면 특별한 것도 아니다.

셋째, 필리핀 여자들은 성에 대해 개방적이다.

한국 남성들이 필리핀의 라이브 바 혹은 클럽에 가면, 필리핀 여성들과 쉽게 만날 수 있고 이 여성들과 호텔까지 가는 확률이 높다는 이유에서다. 하지만 한국에서도 성에 개방적인 여성이 클럽이나 나이트 같은 유흥업소에서 만난 남성들과 하룻밤을 보내는 일이 있으니, 이것은 필리핀 여성의 특성이 아닌 그저 개인의 차이이다.

넷째, 필리핀 여성들은 돈만 밝힌다.

필리핀 여성들과 교제를 하다 보면 이런저런 구실로 돈을 요구하는 경우가 많다고 한다. 하지만 한국에서도 아주 일부는 작정하고 교제 중인 상대에게 돈을 요구하는 일이 있는 것으로 볼 때(이것은 아주 극소수 사람들의 경우로, 꼭 여성뿐 아니라 남성도 이런 사람이 있다.) 필리핀 여성이 유별나다고 할 수는 없다.

다섯째, 필리핀 여성들은 결혼해도 자기 식구들 먹여 살릴 생각만 한다.

한국에 시집온 필리핀 여성 중 일부는 필리핀에 돈을 부치기 위해 직장에 나가고 싶어 하며, 그것이 여의치 않으면 이런저런 거짓말로 남편에게 돈을 뜯어간다는 것이다. 하지만 친정의 생계가 막막하면 한국 여성들도 친정을 돕고 싶어 하는 것이 당연하므로 꼭 필리핀 여자만 가족을 끔찍이 생각한다고 볼 수는 없다.

우리가 필리핀 여성에 대해 가지는 이미지는 대체로 편견에서 비롯된 것이다. 모든 필리핀 여성이 한국 남자만 보면 안달을 하고, 한국 남자와 결혼하여 팔자를 고쳐보려고 할 것으로 생각하고 있다면, 얼른 생각을 바꾸는 게 좋을 것이다. 물론 이런 생각을 하는 필리핀 여성도 분명히 있을 것이다. 하지만 일부 여성의 이야기이지 '모든 필리핀 여성의 특징'으로 규정하지는 말자는 소리다.

실제로 필리핀의 중·상류층의 여성들은 필리핀에서 한국 남자를 만날 일도 없고, 한국 남자와 사귀고 싶어 안달하지도 않는다. 부족한 것이 없기 때문이다. 어쩌다 사랑하게 된 남자가 한국인이었다면 모를까 일부러 남편감을 한국인으로 택하지는 않는다는 말이다. 한국 남성이 만나게 되는 필리핀 여성, 그리고 한국인 남성과 결혼을 하고 싶어 하는 필리핀 여성은 대개 결혼을 가난의 탈피를 위한 하나의 방책으로 생각하는 빈민층 여성들이다.

일부가 전체를 대표할 수는 없다. 한국 여성의 일부 집단이 모든 한국 여성을 대표할 수 없듯, 우리가 가진 필리핀 여성의 이미지로 모든 필리핀 여성의 특성을 설명할 수는 없다. 다만 그건 성격의 차이일 뿐이라고 생각한다. 필리핀 여성이든 한국 여성이든 사람이 살아가는 모습은 어디나 크게 다르지 않다.

18

미혼모, 가톨릭 그리고 정부

미혼모가 많은 필리핀은, 철저한 우리의 시각에서, 성도덕이 엉망진창인 나라라며 그들을 부정적으로 바라보기 쉽다. 하지만 한 발짝 물러나 미혼모가 많은 이유를 깊이 따져 볼 필요가 있다.

필리핀에서 생활하다 보면 집안일을 도와주는 헬퍼 중에 미혼모가 숫자가 많은 것에 한 번 놀라고, 미혼모가 아주 자연스럽게 받아들여지는 사회 분위기에 또 한 번 놀라게 된다.

철저한 한국인의 시각으로 보면 성도덕이 엉망진창인 나라이고, 이런 생각을 하는 순간부터 필리핀 사람들에 대한 부정적인 시각이 굳어지기 시작한다. 하지만 조금 숨을 고르고 한 발짝 물러나 필리핀에 미혼모가 많은 이유를 깊이 따져 볼 필요가 있다.

여러분은 필리핀의 국교가 가톨릭이라는 사실을 잘 알고 있을 것이다. 필리핀은 무려 300년이 넘는 스페인 식민 통치 기간에 가톨릭이 국교로 자리매김을 했다. 그래서 국민의 80%가 가톨릭을 종교로 하는 나라가 되었고, 필리핀에서 가톨릭은 또 하나의 정부라고 할 수 있을 만큼 막강한 영향력을 가지게 되었다.

하이메 신 추기경

사진 속 인물은 필리핀의 하이메 신 추기경이다. '필리핀의 양심', '도덕적 나침반' 등으로 불리며, 마르코스와 조지

프 에스트라다 두 대통령을 축출하는 데도 큰 영향력을 미쳤다. 그래서 그는 '피플 파워의 아이콘'이라고 불릴 만큼 필리핀 사회에서 미치는 힘이 어마어마했다. 즉 대교구장이었던 그의 영향력은 필리핀에서의 가톨릭의 힘과 같은 것이다.

그리고 부활절이 되면 예수가 십자가에 매달렸던 것을 재현하는 행사가 해마다 열릴 정도로 가톨릭은 필리핀 국민의 생활과 뗄 수 없을 만큼 깊이 스며들어 있다고 할 수 있다. 즉 필리핀의 머리, 정신적 지주 역할을 가톨릭이 담당하는 셈이다.

여러분 중에는 미혼모 이야기를 하다가 왜 갑자기 가톨릭 이야기를 하느냐고 의문을 품는 분이 있을지도 모른다. 하지만 가톨릭이 필리핀 사회와 매우 밀접한 연관이 있는 만큼 미혼모 문제에도 영향을 미치는 바가 분명히 있기 때문에 필리핀의 가톨릭교 이야기를 꺼낸 것이다. 가톨릭과 미혼모가 무슨 관련이 있다는 것일까?

가톨릭의 교리는 이혼, 낙태, 피임을 모두 금기사항으로 하고 있다. 그래서 필리핀의 법도 이혼을 원칙적으로 금지하고 있다. 만약 그래도 이혼을 꼭 해야겠다고 하면 할 수는 있다. 하지만 법적인 절차가 매우 복잡해서 변호사를 고용해 장기간 소송을 끌어야 하므로 상류층이 아닌 경우에는 엄두조차 내기 힘들다. 이혼이 어려우니 새로운 사람을 만나도 그저 'boy friend', 'girl friend'로 지내기 때문에 자연스레 미혼모가 생길 수밖에 없다.

게다가 피임과 낙태 역시 가톨릭의 금기사항으로, 필리핀에서는 사회적 규범 같은 것이다. 하지만 정말로 임신을 원하지 않거나, 임신을 했더라도 아이를 낳아 키울 형편이 안 되는 여성들은 아무래도 피임과 낙태를 생각할 수밖에 없다. 필리핀은 우리처럼 의료보험 제도가 잘 정비되어 있지 않기 때문에

필리핀의 부활절 행사

기본적으로 병원비 부담이 엄청나다. 보통의 병원비도 부담스러운데 다른 사람의 눈을 피해 피임이나 낙태를 해야 한다면, 보통의 병원에서는 할 수 없는바, 비위생적인 음지의 시설에서 천문학적인 비용을 들여야만 가능할 것이다. 하지만 이미 말했다시피 필리핀의 서민은 엄청나게 곤궁한 생활을 하고 있다. 당장 먹고 살 일도 막막한데 천문학적인 비용을 들여서까지 수술을 감행할 수 있는 사람이 있을지 모르겠다.

물론 가톨릭의 이런 보수성보다 더 근본적인 문제는 미혼의 남녀가 만나 대수롭지 않게 관계를 가지는 개방적인 성생활에서 비롯되었을 것이다.

하지만 필리핀에서는 18세가 되면 성인이 되고 대학을 졸업하는 나이이니, 미성년자도 아닌 남녀 간의 애정표현을 문제 삼을 수는 없다.(물론 미성년자의 임신은 매우 크고 중대한 문제이다.)

여기에 매우 긴 시간 스페인, 일본, 미국의 식민 지배를 받으며 다소 개방적인 사회가 된 것이 필리핀의 젊은 남녀를 개방적이고 자유롭게 만들어 주었을 것이다. 다만 이런 사회적 분위기와 정반대의 보수적인 가톨릭의 교리 그리고 계속되는 빈곤의 굴레를 벗어날 수 없게 되면서 필리핀의 젊은이들에게 미혼모의 증가는 피할 수 없는 현상이 되어 버렸다.

이렇게 필리핀의 미혼모 문제가 심각한 상황이니 필리핀 정부도 가만히 앉아 있을 수는 없었다. 그래서 아키노 대통령은 지난 7월 23일, 케손시티에 있는 하원 의사당의 국정 연설에서 '인구 억제 법안'의 통과를 국회에 촉구하기도 했다. 이 법안의 핵심 내용은 '인공 피임법'과 '가족계획'에 대한 정보와 서비스를 제공한다는 것인데, 아키노 대통령의 이런 행동은 필리핀의 인구가 1억 명을 넘어서면서부터 아키노 정부에게 인구 조절이 매우 중요한 정책 과제가 되었기 때문이다.

아키노 대통령

아키노 대통령의 발표에 반대 시위를 벌이고 있는 가톨릭 주교협의회

하지만 이것 역시 가톨릭이 이 정책에 대하여 결사반대를 외치면서 난항을 겪고 있다. 그래서 인구 억제 정책 법안이 통과된다고 해도 제대로 실행이 될 수 있는가의 여부가 매우 불투명하다고 한다.

국가가 가톨릭의 교리를 바꿀 수는 없을 것이다. 그리고 이혼, 피임, 낙태가 권장할 만한 일도 아니니다. 하지만 피할 수 없는 일이라면, 아무리 가톨릭의 힘이 막강하다고 해도 어떤 수단을 동원해서라도 더 큰 사회문제가 일어나는 것을 막는 것이 정부의 올바른 태도일 것이다.

하지만 대통령의 발표에도 이 정책이 흐지부지 무마될 기미를 보이는 것에는 가톨릭의 반대 말고도 또 다른 이유가 있는 것은 아닌지, 애초에 이런 극단적인 보수성을 띠게 된 역사적 배경을 다시 한 번 생각해 볼 필요가 있다.

필리핀은 일부 족벌 가문이 필리핀의 모든 것을 장악하고 왕처럼 군림하고 있다. 일차 산업에 의존했던 필리핀에서, 가톨릭의 이런 교리는 기득권자의 이해관계와 딱 맞아떨어지는 것이었다. 대지주였던 족벌 세력이 필요한 것은 노동력으로, 노동할 인구가 많아지면 인건비는 매우 저렴해진다. 인구의 증가야말로 농장의 노동력을 값싸게 제공할 수 있는 최고의 방법이므로 기득권층에서는 필리핀 인구 증가를 억제할 이유가 전혀 없었던 것이다.

자, 이제는 필리핀에 왜 미혼모가 넘치는지 알 수 있지 않겠는가?

19

시스루룩 see-through look 같은 필리핀 전통 의상

한국인에게 한복이 있듯이 필리핀에도 전통 의상이 있다. 바로 '바롱'이라고 불리는 옷이다. 이 옷은 속이 다 비칠 정도로 투명한데, 이 의상에는 필리핀의 아픈 역사가 깔려 있다.

한국인에게 한복이 있듯이 필리핀에도 전통 의상이 있다. 바로 '바롱Barong'이라고 불리는 옷이다. 전통 의상이라고는 해도 요즘에 우리가 한복을 평소에 차려입고 다니지는 않듯이 필리핀 사람들도 평상시에는 서구화된 편한 복장으로 다니다가 중요한 행사가 있을 때 입는다. 아래 사진의 옷이 바롱이다.

바롱을 차려입은 필리핀 남성

바롱은 파인애플에서 얻어지는 섬유, 혹은 마닐라삼으로 짠 옷감으로 만든다. 그래서 사진으로 보다시피 매우 얇고 투명하다. 마치 현대의 시스루 룩see-through look을 보는 것 같다. 옷이라고는 하지만 이것만 입고는 절대 거리에 나다닐 수가 없을 것이다. 그래서 안에 티셔츠나 다른 옷을 받쳐 입고 그 위에 바롱을 덧입는 것이 보통이다. 그리고 밑단이 제법 길게 만들어져 바지 안으로 넣어 입어야 할 것 같은데, 사진의 남성들은 모두 바롱을 꺼내어 입었다. 이건 저 사람들이 볼록 나온 배를 가리기 위해 꺼내어 입은 것도 아니고, 윗옷을 꺼내어 입는 것이 필리핀의 유행이라서 그런 것도 아니다.

이유는 간단하다. 조상 대대로 이어져 온 풍습이라 바롱은 원래 이렇게 입는 것이 정석이기 때문이다. 하지만 바롱을 입는 방법이 이런 방식으로 굳어져 버린 이면에는 조금은 슬픈 필리핀의 역사가 있다.

바롱은 보다시피 매우 '오픈'된 옷이다. 주머니가 없고 막힌 곳도 없으며, 매우 투명하여 그 속이 훤히 들여다보인다. 즉 옷 속에 그 무엇도 숨길 수가 없는 옷이다. 이런 옷은 누군가가 감시하기 좋다는 생각이 들지 않는가?

바로 그것이다. 바롱은 스페인의 식민 통치를 받던 시절 만들어진 옷이다. 주머니가 없으니 자신들의 물건을 도둑질할 수도 없고, 속이 훤히 비치니 옷 안에 자신들에게 대항할 무기를 숨길 수도 없다. 굳이 몸수색을 하지 않아도 필리핀 사람들을 용이하게 감시할 수 있는 것이다. 무엇보다 원주민에게 바롱을 입히는 것으로 멀리서도 스페인 사람과의 구별이 쉬워졌기에,

식민 통치자의 입장에서는 바롱이 매우 좋은 관리 수단이었을 것이다.

마치 나치가 유대인들에게 달았던 '노란 별'이 떠오르지 않는가?

Part 04

국가 발전보다 족벌이 우선이다

20

필리핀의 실세는 지방 족벌

필리핀에서는 족벌 세력이 패악한 행동을 일삼아도 아무도 제재를 가할 수가 없다. 그만큼 필리핀 안에서는 중앙정부보다 지방 족벌의 힘이 더 막강하다고 말할 수 있겠다.

필리핀은 7천 개의 섬으로 이루어진 나라이다. 그래서 우리나라처럼 하나의 땅덩어리로 이루어진 국가보다는 지리적 특성상 체제나 구조의 통일을 이루기가 어렵다. 필리핀 역사를 보면 전국이 단일 왕조로 통일된 적이 단 한 번도 없었던 것도 그런 이유일 것이다. 그래서 필리핀은 한국이나 중국처럼 전 지역이 하나의 왕의 통치 아래 있었던 것이 아니라, 각 지역의 부족장이 통치하는 '부족 국가'에 머물러 있었다. 게다가 1521년 마젤란이 필리핀을 발견한 이후 300년이 넘게 필리핀을 지배했던 스페인도 권력을 중앙으로 모아 통치한 것이 아니라, 각 지역의 부족장들에게 권한을 위임하는 방식으로 통치하였기 때문에, 각 지역의 부족장들은 계속 권력을 대물림하며 실질적인 군주의 지위를 누려왔고, 이런 상황은 지금까지도 계속되고 있다.

현재 필리핀 각 주에서는 주지사가 물러나면 그의 아들이 당연한 듯 주지사 자리를 물려받고, 각 시에서는 시장이 물러나면 그의 아들이 시장 자리를 물려받으며 거의 고대의 왕처럼 행세한다. 이런 상황은 필리핀 어느 지역을 가도 마찬가지여서 두 개 혹은 세 개의 족벌 가문이 권력 경쟁을 해 가며 주지사와 시장을 대물림하고 있다.

더 문제가 되는 것은 이런 권력 경쟁이 치열해지면 때로 피를 부르기도 한다는 점이다. 한 번은 이런 사건이 있었다. 2009년 필리핀 남부의 마긴다나오 주에서 주지사 선거에 출마한 망우다다투를 대신해 후보 등록을 하러 가던 그의 부인과 일행 13명이 무장 괴한에게 납치되어 피살된 것이다. 이들은 금품을 노린 단순한 괴한이 아니었다. 조사 끝에 드러난 범인은 당시 마긴다나오 주의 현직 주지사인 암파투안의 아들이었다. 물론 자신이 직접 나섰을 리는 없고 자신의 민병대를 동원해 살해를 지시한 것이다.

권력 때문에 경쟁 가문의 후보를 살해한 현장

이 사건은 주지사 자리를 오랜 기간 독점 세습해 온 한 족벌 세력이 권력을 유지하기 위해, 권력 이동의 가능성을 원천 봉쇄하려다가 피를 부른 사건이었다. 괜한 무리수를 두어 오히려 일을 망쳤다고 비웃기에는 너무나 무시무시한 사건이다. 정당한 선거가 아닌 세습을 통해 주지사가 뽑히는 현실도 기가 찰 판인데, 살인이라니……. 도대체 이 자리가 얼마나 막강한 권력의 자리이기에 살인을 저지르면서까지 지켜내고 싶은 것일까?

더 무서운 것은 족벌 세력의 이런 패악한 행동에도 제재를 가할 수 있는 사람이 아무도 없다는 사실이다. 이런 지경임에도 필리핀 중앙정부는 각 지역의 실질적 통치자인 이들 족벌 세력의 횡포에 대해 간섭하지 않는다. 아니 그보다는 간섭할 힘이 없다는 표현이 더 정확하다. 그만큼 필리핀에서는 중앙정부보다는 지방 족벌의 힘이 더 막강하고 영향력이 크다.

그래서 필리핀 정부와 다른 국가 간의 협약이 이루어진 사항이라고 해도 특정 지역의 족벌 세력이 반대하는 경우, 그 지역에서는 그 협약이 실질적으로 무의미해지는 경우도 종종 생기기도 한다. 이런 형편이니 필리핀 족벌 세력에게 무서운 것이 뭐가 있을까?

21

다바오의 '깡패' 시장

다바오가 있는 민다나오 섬은 필리핀 반군의 거점지역이라 위험할 것 같지만, 뜻밖에 필리핀에서 가장 안전한 '클린 시티'라 불린다. 이런 배경에는 다바오의 전 시장 두테르테가 있다.

필리핀의 다바오는 한국인 유학생이 많이 있는 도시인데, 필리핀 반군의 거점인 민다나오 섬에 자리 잡고 있다. 위험 지역인 민다나오 섬에 있는 도시라고 하니 치안이 불안정하고 위험할 것 같지만 뜻밖에 필리핀에서 가장 안전한 '클린 시티'라는 명성을 가지고 있다. 한국인 유학생이 많이 산다는 것 자체가 그 증거일 테지만 말이다. 다바오가 이런 명성을 갖게 한 일등공신은 바로 이 사람이라고 한다.

사진 속 남성의 이름은 로드리고 로아 두테르테이다. 두테르테는 변호사 출신으로 다바오의 시장 자리에 6번이나 앉았다. 한국과 비교해 보면 이해가 가지 않는 상황이다. 그가 이렇게 오래 시장직에 올라 있었다는 건, 엄청난 업적을 세워 많은 사람의 지지를 받든가 누구도 건드릴 수 없을 정도로 엄청난 배경을 가졌다든가 아무튼 어마어마한

前 다바오 시장이자 現 다바오 부시장

힘을 가졌다는 소리일 것이다.

두테르테 시장은 확실히 힘이 있는 것 같다. 그는 시장의 자리에서 범죄와의 전쟁을 선포하고 자신의 사병 조직인 다바오 처형단Davao Death Squad을 이끌고 밤거리의 범죄자들을 소탕할 뿐 아니라 심지어 중범죄자, 마약 관련 범죄자, 성범죄자들은 법정에 세워지기 전에 간혹 다바오 처형단이 먼저 살해하는 일까지 있다고 한다. 또 청소년들의 탈선을 방지하기 위해 16세 이하의 청소년들은 밤 9시 이후 통행금지 조치까지 취했다고 하니 그가 얼마나 큰 힘을 가졌는지 짐작할 수 있다.

지금 그는 다바오의 시장직에서는 물러난 상태이다. 하지만 그의 딸인 사라 두테르테가 시장 자리에 올라 있고, 두테르테 시장 역시 완전히 물러나지 못하고 부시장 자리에서 여전히 시의 행정에 영향을 미치고 있다. 두테르테 시장이 여전히 영향력이 있다고 해도, 현 시장은 그의 딸이니 범죄와의 전쟁이 한풀 꺾이지는 않았을까 생각할지도 모르겠다.

하지만 이렇게 생각했다면 오산이다. 사라 두테르테 시장은 아버지보다 더 권위적이고 강경한 입장이다. 한 예로 그녀가 다바오 빈민촌 철거 현장을 방문했을 때의 사건을 이야기해 보겠다. 철거 현장에는 언제나 그곳에 사는 주민과 공무원의 대치 상황이 벌어지게 마련이다. 이곳을 철거하면 갈 곳이 없어지는 주민과 위에서 내려온 지시를 따라야만 하는 공무원 간의 의견이 충돌하기 때문이다. 다바오의 빈민촌 철거 현장도 같은 상황이었다. 자칫 유혈 충돌이 일어날 수도 있는 분위기였기 때문에 현장을 방문한 사라 두테르테가 법원 직원들에게 철거를 지연해 달라고 요청했다. 하지만 관계자가 시장의 말을 무시하고 철거 작업을 강행하자 격분한 사라 두테르테 시장이 곧바로 그의 얼굴에 수차례 강펀치를 날려서 세계적인 뉴스거리가 되었다.

그런데 이 광경은 분노한 시장이 참다못해 주먹을 날린, 단순히 웃고 넘어갈 해프닝이 아니다. 이 사건은 다바오에서 대를 이어가며 다바오의 시장을 연임하는 두테르테 가문의 강력한 힘의 상징이기도 하다.

다바오는 미국으로부터 독립하여 필리핀 정부가 세워진 뒤로 지금까지 두테르테 가문이 실질적인 왕의 역할을 해왔다. 그래서 두테르테 가문의 자손인 사라 두테르테의 지시를 무시한 법원 직원은, 조금 과장하면 '역적'에 버금가는 죄를 지은 것이다. 그래서 자신의 얼굴에 수차례 주먹을 날리는 시장에게 감히 대항하지 못하고 묵묵히 맞고 있을 수밖에 없었다.

격분하여 주먹을 날리는 사라 두테르테 시장

다바오를 '클린 시티'로 만든 두테르테 시장을 정의의 사도로 볼 것인지, 아니면 다바오 처형단이라는 사병조직을 거느리며 멋대로 법을 집행하는 무법자로 볼 것인지는 여러분이 판단하기 나름이겠지만 한 가지 확실한 것이 있다. 다바오에서는 두테르테 가문이 '법'보다 위에 군림하고 있다는 것이다. 두테르테 가문의 말이 곧 진리이고, 두테르테 가문의 행동이 곧 법이며, 두테르테 가문의 의지가 다바오 전체를 쥐고 흔든다는 것이다. 다바오의 왕은 필리핀 정부가 아니라 두테르테 가문이다.

22

정경유착의 표본인 필리핀

필리핀에서 어마어마하게 큰 영향력을 가진 족벌 가문은 필리핀의 재벌 기업들과도 깊은 관계를 맺고 있다. '정경유착'이 무려 100년 이상 지속되고 있는 것이다.

필리핀에는 현재의 아키노 대통령을 포함하여 총 15명의 대통령이 있었는데 대부분이 그 지역 족벌 세력의 자손들이었다. 다만 예외가 두 명 있었는데, 그중 한 명은 마르코스 대통령, 또 다른 한 명은 에스트라다 대통령이다. 이 두 대통령이 필리핀 정치계에 큰 혁명을 일으켰다면 좋았을 텐데, 안타깝게도 두 대통령의 끝은 행복하진 않았다.

족벌 출신이 아니었던 마르코스는 집권 초기에 필리핀 중앙정부를 억누르는 족벌 세력을 타파하려고 시도했지만, 곧 여의치 않다는 것을 깨달았다. 그 후 노선을 완전히 바꾸어 족벌 세력과 손을 잡고 재산을 축적하며 부패한 대통령이 되었고,

마르코스 대통령

에스트라다 대통령

정치적 대립 관계에 있었던 아키노 가문에 의해 축출되어 대통령직을 포기하고 하와이로 망명 신청을 하게 되었다.

또한 영화배우 출신으로 대통령이 된 에스트라다는 이권에 개입한 것이 빌미가 되어 족벌 세력에 의해 대통령의 자리에서 쫓겨났다. 만약 에스트라다가 족벌 출신이었다면 그 정도의 추문으로 쫓겨날 가능성은 거의 없었을 것이다.

대통령뿐만 아니라 국회의원이나 중앙 정치권력의 주요 일원들도 대부분이 할아버지 대부터 권력의 핵심에 있었던 족벌 세력의 자손들이다. 이처럼 필리핀의 정치계는 족벌 세력이 모두 장악했다고 말해도 과언이 아닌 지경이다.

여기에 더 문제가 되는 것은 이들이 필리핀의 재벌 기업들과 오랫동안 깊은 관계를 맺어왔다는 점이다. 즉 재벌은 족벌 세력을 돈으로 밀어주고, 족벌 세력은 권력으로 재벌을 끌어주는 '정경유착'이 무려 100년 이상이나 지속되어 온 탓에 국가 발전이나 국민의 생활 향상은 늘 뒷전으로 밀릴 수밖에 없는 것이 필리핀의 현실이었고 지금도 이런 현실은 별로 변한 게 없다.

언뜻 우리에게는 와 닿지 않을 수 있다. 여러분은 필리핀에 사는 것이 아니기 때문에 필리핀의 정경유착이 얼마나 심한지

감이 잡히지 않을 것이다. 이해를 돕기 위해 필리핀의 정경유착에 대해 생각해 볼 수 있는 사례 하나를 소개하려고 한다.

필리핀 전 지역에는 맥도날드와 KFC가 곳곳에 보인다. 다국적기업인 만큼 우리나라에도 수없이 많은 지점이 있기에 이건 별로 특별해 보이지 않을 수도 있다. 하지만 필리핀에 다른 나라의 기업이 자리 잡고 있다는 것은 우리의 생각 이상의 특별한 의미가 있다. 한편 역시 세계적인 규모의 할인 매장인(비록 한국 시장에서는 뿌리내리지 못했지만) 월마트와 까르푸는 필리핀의 어느 지역에서도 찾아볼 수 없다. 모두 거대한 다국적기업인데

필리핀의 맥도날드

필리핀 최대 재벌 기업 SM 그룹의 쇼핑몰

왜 맥도날드와 KFC는 성공하고, 월마트와 까르푸는 발도 붙이지 못했을까? 힌트는 내가 이 사례를 소개하기 전에 했던 말 속에 있다.

눈치 빠른 분들은 벌써 알아챘겠지만, 외국 기업의 성공과 실패는 필리핀 재벌 기업이 손을 댄 사업인가 아닌가에 달려 있다. 필리핀의 재벌 기업 중에는 햄버거나 치킨을 파는 패스트푸드 사업에 손을 댄 곳이 없었다. 그래서 맥도날드와 KFC는 필리핀에 궁둥이를 붙이고 앉을 수 있었다. 하지만 월마트와 까르푸는 상황이 달랐다. 필리핀의 대기업인 SM 그룹과 로빈슨이 이미 쇼핑몰 사업을 하고 있었기 때문이다.

오늘날 이 세상은 혼자만의 힘으로는 살기 어려운 세상이다. 다른 나라에 문호를 열어야 하고 그 문호로 각 나라의 수많은 이해관계가 얽힌다. 남의 것을 사 주어야 우리 것도 팔 수 있고, 열린 문호로 많은 나라가 드나들어야 우리도 더욱 잘 살 수가 있다. 그런데 우리끼리 잘 먹고 잘 살겠다고 문을 꼭 닫아 버리면 순식간에 고립되어 폐망의 길로 들어서는 것이 국제 정세이다. 그래서 많은 나라가 외국 기업을 자국으로 유치하려고 무진 애를 쓴다. 특히 아일랜드나 싱가포르 같은 경우는 외국 기업들에게 세금 감면 혜택까지 주며 끌어들이려고 기를 쓴다. 많은 기업을 유치해야 일자리가 창출되기 때문이다.

하지만 필리핀 정부의 행보는 이런 정세와는 거꾸로 가는 것처럼 보인다. 심각한 정경유착으로 일자리 창출보다는 재벌 기업의 보호가 더 우선시되기 때문이다.

23

민다나오 섬 이탈리아 신부의 피살

필리핀의 코타바토에서 이탈리아 신부가 괴한의 총을 맞고 피살되는 사건이 있었다. 지역 주민의 존경을 받던 외국인 신부가 피살된 것은 우연이 아닌 족벌 세력의 음모가 숨어 있었다.

2011년 10월, 민다나오 섬에 있는 도시 코타바토의 한 성당 앞에서 이탈리아인 텐토리오 신부(59세)가 괴한이 쏜 8발의 총을 맞고 숨진 사건이 있었다. 이 뉴스를 접한 한국인들의 반응은 대체로 이런 것들이었다.

필리핀은 총기 소지가 자유로워서 역시 위험한 나라야.
민다나오 섬에 필리핀 반군이 많아서 외국인 납치 살해가 많다더니……

하지만 우리의 이런 생각은 필리핀의 실정을 잘 몰라서 하는 말이다. 평범한 시민 사이에서는 총기 사건이 발생하는 일이 없고, 또 민다나오 섬을 거점으로 삼고 있는 필리핀 반군들이 군자금 마련을 위해 외국인을 납치하는 경우는 간혹 있어도 이런 식으로 목숨까지 없애는 일은 없었다. 그렇다면 텐토리오 신부는 대체 무엇 때문에 괴한의 총에 맞아 죽게 되었을까?

텐토리오 신부는 1978년부터 30년 동안 민다나오 섬에서 선교 활동을 하며 지역 주민에게 존경을 받던 신부였다.

하지만 문제는 텐토리오 신부가 지역 족벌 세력과 반대의 편에 선 데 있었다. 이 지역에는 수력 발전소 건설이 예정되어

텐토리오 신부

있었고, 이 때문에 생계의 지장을 받게 될 지역 주민은 수력 발전소 건설을 반대하는 운동을 펼쳤는데, 텐토리오 신부가 이 운동의 선봉에 섰던 것이 그의 죽음을 앞당긴 가장 큰 이유였다. 수력 발전소 건설로 엄청난 이득을 취득할 그 지역의 대지주, 즉 족벌 세력이 청부 살인을 저지른 것이다.

이런 엄청난 일이 필리핀에서는 충분히 일어날 수 있다. 앞에서 여러분의 귀에 딱지가 앉을 만큼 계속 이야기했던 것처럼 필리핀에서는 족벌이 최상위 권력을 차지하고 있기 때문이다. 필리핀도 엄연한 법치국가이므로 모든 것이 법에 따라 통제되기는 하지만, 각 지역을 수백 년 동안 다스려 온 족벌들이 법보다 위에서 군림하는 탓에 법질서가 불안정하고 공무원들의 부정부패가 만연한 나라가 되었다.

현재 필리핀의 각 지역에서 족벌 세력이 거느리고 있는 사병 집단은 132개, 1만 명의 규모로 감히 건드릴 수 없을 만큼 세력이 크다. 현재 필리핀 대통령 아키노의 어머니인 코라손 아키노가 대통령으로 재임하던 시절에 정부 차원에서 이 사병 집단을 해체하려고 시도했지만 족벌 세력의 거센 반발에 부딪혀 결국 흐지부지되고 말았었다.

현 필리핀 대통령의 어머니 코라손 아키노 대통령

그래서 필리핀 사업자들에게 이런 사건들은, 다소 과장된 표현이 될 수도 있겠지만 이런 교훈을 주는 것 같다.

자신의 성향이 필리핀의 경찰, 이민국 관리들에게 뇌물을 주면서까지 사업을 하고 싶지는 않은 청렴결백형이라고 생각한다면, 사업 무대를 다른 나라로 옮겨야만 한다.

Part 05

돈의 힘은 불법도 법으로 만든다

24

칼보다, 펜보다도 무서운 것

영업 방해를 하는 부랑자를 다른 곳으로 보내는 데 필요한 것은 화술도 무력도 아니다. 그저 얼마쯤의 숫자가 적힌 종이 한 장이면 쉽게 해결할 수 있다.

필리핀 서민들의 빠듯한 생활비로는 절대 갈 수 없는 최고급 식당은 이런 일이 없지만, 각 지역의 중소형 식당이나 마트에는 가끔 이런 일이 있다고 한다.

손님이 식사하러 식당으로 들어가려고 하는데 바로 문 입구에 부랑자가 벌렁 드러누워 배를 긁으며 버티고 있는 것이다. 도저히 비켜갈 틈도 없고 그대로 넘어가자니 그것도 영 내키지 않아 그 손님은 한숨을 쉬며 발길을 돌린다.

이런 상황을 지켜보는 사장은 정말 미칠 노릇이다. 지저분한 행색의 이 남자는 새카맣게 때가 내려앉은 손으로 가려운 곳을 긁으며 지나가는 사람을 쳐다보고, 가게 출입문 앞을 온전히 다 차지하고 앉아 아무도 드나들 수가 없게 한다. 게다가 몸에서 풍기는 지독한 냄새는 가게 안까지 스며들어 밥을 먹

필리핀의 거리를 배회하는 부랑자

던 손님들의 인상을 찌푸리게 한다. 손님들은 사장에게 어서 빨리 해결하라는 눈빛을 보내고 사장 역시 이러다가 가게에 손님이 뚝 떨어지게 생겼으니 초조해져, 무장한 가드에게 쫓아내라고 압박을 가한다. 하지만 가드 역시 속수무책이다. 가드가 다가서자 희번덕거리는 눈으로 가드를 위아래로 훑어보니 어떻게 해 볼 방법이 없다. 부랑자에게 총을 쏠 수도 없고 손을 대자니 일이 더 시끄러워질 것 같은 생각에 그저 제발 다른 곳으로 가 달라고 사정만 할 뿐이다. 이들 앞에서는 터프가이도 소용이 없다.

상점 앞을 지키는 가드

가드도 소용이 없자 사장은 절망에 빠지는데, 그런 모습을 본 아담하고 예쁘장한 종업원 하나가 사장에게 몇 마디하고 무언가를 받아 밖으로 나가더니 이 부랑자를 곧바로 쫓아내고 당당하게 들어온다.

필리핀 식당의 종업원

무장한 가드도 못 해낸 이 일을 이렇게 여린 아가씨가 어떻게 해낸 것일까? 보통 칼보다 무섭고 강한 것이 펜이라고 하지만, 필리핀에서는 그보다 더 무섭고 강한 것이 있다. 이것은 때때로 총이나 조폭보다 더 강한 힘을 발휘한다. 바로 '돈'이다. 사실 총으로 무장한 가드 앞에서도 눈 하나 깜짝하지 않는 것으로 보아, 식당 주인의 입장에서 부랑자 역시 무섭고 질긴 존재라고 할 수 있겠으나, 역시 최고의 힘을 가진 것은 돈이다.

돈 싫어하는 사람은 없겠지만, 필리핀만큼 돈이 강한 힘을 발휘하는 곳도 없는 것 같다. 작게는 이렇게 부랑자를 쉽게 쫓는 용도부터 크게는 공무원을 구슬리는 용도까지 아주 다양하게 사용된다. 뒤에 이어질 내용을 보면 필리핀에서 돈이 얼마나 큰 구실을 하는지 깨닫게 되고 필리핀에서 사업할 때 왜 돈을 얼마나 잘 사용하느냐가 사업 성패의 큰 관건이 되는지 여러분이 알 수 있을 것이다.

역시 최고 권력은 돈이다.

25

2만 명의 한국인 불법체류자

한국에는 불법체류 중인 외국인 근로자가 많다. 하지만 한국에 사는 외국인만 불법체류를 하는 것이 아니다. 놀랍게도 필리핀에서 불법체류를 하는 한국인 숫자가 2만 명이 넘는다고 한다.

한국에는 세계 각지, 특히 동남아시아에서 일하러 온 외국인 근로자들이 매우 많다. 그런데 이들 중에는 국내에 체류할 수 있는 기한이 지나서, 자국으로 돌아가야 하는데도 그대로 눌러앉아 불법체류를 하는 사람이 많아 정부가 골치를 앓고 있기도 하다. 그들의 나라보다 우리나라의 인건비가 훨씬 높아서 돈을 더 많이 벌 수 있기 때문에 서러움과 불안감 그리고 수많은 불이익을 감수하고서라도 불법체류를 하게 되는 것이다.

그런데 불법체류는 우리나라에 사는 외국인 사이에서 일어나는 게 다가 아니다. 놀랍게도 오히려 필리핀에서 불법체류를 하는 한국인 숫자가 2만 명이 넘는다고 한다. 코리안 드림을 꿈꾸는 필리핀의 노동자들이 한국에서 불법체류를 하고, 필리핀의 젊은 여성들이 한국의 농촌으로 시집을 오는 상황인데 거꾸로 한국인이 필리핀에서 불법체류를 한다는 것은 우리의 관점에서 조금 납득하기 힘든 상황이다.

하지만 필리핀에서 이런 이상한 일이 벌어지는 것도 무리는 아니다. 물론 불법체류가 떳떳하고 올바른 것은 아니지만, 필리핀이 불법체류를 하기에 적절한(?) 세 가지 조건을 갖춘 나라이기 때문에 한국인 불법체류자가 많은 것이리라.

첫째, 필리핀은 7천 개나 되는 크고 작은 섬으로 이루어진 나라이므로 중앙정부의 통제력이 미치지 못하는 곳이 한두 군데가 아니라서, 한국인 도피자가 숨을 공간이 많다. 그래서 자연스럽게 이들은 불법체류자의 길로 들어선다.

예를 들어, 한국에서 고의로 부도를 낸 사업자가 미국으로 도피하지 않고 필리핀으로 도피하면 현지의 경찰을 통해 소재 파악이 될 확률이 1/100로 줄어들기 때문에 필리핀으로 도피하는 사람이 많은 것이다. 하지만 죄를 짓고 도피한 뒤에는 여권 연장을 할 수 없어서 비자를 받을 수도 없으므로 자연히 불법체류의 절차를 밟게 되는 것이다.

둘째, 고의든 과실이든 만약 몇 년 동안 불법체류를 했다고 치자. 하지만 필리핀에서는 다시 쉽게 회복할 방법이 있다. 출국하려 할 때 이민국에 지금까지 밀린 비자 연장 비용을 모두 치르고 서류 정리만 잘해 놓으면 출국은 물론이고 재입국을 하는 것도 문제가 없게 되어 있는 곳이 필리핀이기 때문이다. 다시 말해, 불법체류를 해도 '연장 비용'만 제대로 치르면 실제로든 서류상이든 아무런 문제가 없도록

여권 연장을 못 하면 비자를 받을 수도 없다.

제도가 만들어져 있다.

셋째, 필리핀은 공무원의 부정부패가 심해서 합법적인 체류를 위해 들여야 하는 비용보다 이민국 관리에게 돈을 주는 편법을 쓰는 편이 더 저렴하기 때문이다. 즉 몇 년 동안 불법체류를 했어도 이민국 직원에게 미리 돈을 쥐여 주면 직원의 보호로 무사히 출국할 수 있는 가능성이 높아진다는 말이다.

뒤에 이어지는 글에서 더 이야기하겠지만 필리핀 공무원의 부정부패는 그 정도가 너무 심해서 필리핀에서 사업하려면 돈으로써 이민국과 친밀한 관계를 유지하는 일을 절대 간과해서는 안 될 것이다.

필리핀 이민국

26

한국인 홈스테이는 불법 사업이다

한국 교민은 필리핀에서 홈스테이 사업을 가장 많이 한다. 하지만 필리핀은 주거지역에서의 사업자 등록이 매우 까다롭기에 사실상 이 사업은 불법이라고 보면 된다. 그럼에도 여전히 사업을 계속하고 있는 건 다른 이유가 있지 않을까?

한국에서 일하고 있는 수많은 외국인 근로자 중 불법체류자가 제법 많다는 사실은 이미 잘 알고 있을 것이다. 그런데 희한한 것은 불법체류하고 있는 외국인 근로자들이 자신들의 체류를 합법화시켜달라고 요구하며 공개적으로 시위를 벌이기도 한다는 것이다.

불법을 합법화하다니 어찌 보면 참으로 아이러니한 상황이다. 한국 정부는 이들에 대한 단속을 벌이고 때로는 본국으로 추방하기도 하지만 실제로 이들을 완전히 뿌리 뽑을 의사는 전혀 없어 보인다. 왜냐하면, 이들을 추방하면 한국의 산업 현장, 특히 3D업종의 인력난이 심각한 상황에 이르기 때문이다.

이런 상황은 필리핀에서도 일어난다. 필리핀에서 한국 교민

불법체류자들이 합법화를 요구하는 시위

공장에서 일하고 있는 외국인 근로자

이 가장 많이 하는 사업은 아마 홈스테이일 것이다. 하지만 필리핀에서의 홈스테이는 합법적으로 운영하는 것이 사실상 불가능하다. 한국은 주거지역, 상업지역 구분이 없이 어느 곳이든 사업자 등록을 할 수 있지만, 필리핀은 주거지역에서 사업자 등록을 내는 것이 매우 까다롭기 때문이다.

결국, 필리핀에서 홈스테이 사업을 하려면 상업지역에서만 가능하다는 이야기가 되는데, 현실적으로 학생들을 주택이 아닌 상가 건물에서 숙식하도록 할 수는 없다. 이렇게 곤란한 상황임에도 현재 필리핀에는 수많은 홈스테이가 사업자 등록도 하지 않은 채 운영을 계속하고 있는데, 이것은 명백한 불법이다.

필리핀 이민국이 이런 불법 홈스테이에 대한 단속을 벌일 때가 있지만, SSP 허가증을 발급받지 않은 경우를 제외하고는 실제로 단속을 하고 벌을 주는 일이 거의 없다. 왜일까? 한국 정부가 불법체류를 하는 외국인 근로자들을 뿌리 뽑지 않는 것처럼 여기에도 필리핀 정부의 이해관계가 얽혀있다. 한국인이 운영하고 있는 홈스테이를 단속하면, 한국인 유학생들은 아무리 저렴해도 필리핀으로의 유학이 조금 꺼려질 것이다. 아무래도 같은 한국인이 운영하는 곳이 음식도 입에 맞고 의사소통도 원활하며 안전하다는 생각이 들기 때문이다. 한국인 유학생이 줄어드는 것이 필리핀에 무슨 영향을 끼칠까 싶기도 하지만, 사실은 그렇지가 않다. 필리핀의 스타벅스를 찾는 손님은 대부분 필리핀 중산층과 한국인 유학생이며, 필리핀 중산층이 이용하는 대형 쇼핑몰의 주요 고객 중 하나는 한국인 유학생이 홈스테이 하는 한국 교민들이다. 필리핀에서 소비수준이 높은 부류가 바로 홈스테이를 운영하는 한국인과 한국인 유학생이라는 말이다. 그래서 이들이 필리핀에 오지 않으면 필리핀 경제에 미치는 타격이 클 것이 뻔하므로 한국인이 운영하는 홈스테이를 정부에서 함부로 건드릴 수가 없는 것이다.

한국인 유학생이 많이 찾는 필리핀 스타벅스

홈스테이를 운영하는 한국인이 많이 찾는 대형 쇼핑몰

27

이민국의 불공정한 단속

불법 체류자, 외국인 불법 사업장에 대해 필리핀 이민국이 대대적인 단속을 벌인 일이 있었다. 그런데 이 단속은 주로 한국인 사업장에 집중되어 교민회의 반발이 컸다. 왜 이런 불공정한 단속을 했을까?

얼마 전 필리핀 이민국이 비자 연장을 하지 않은 외국인, 불법 체류를 하는 외국인, 그리고 불법으로 영업하고 있는 외국인 사업장에 대해 일제히 단속을 벌였다. 그런데 이민국에 불리어 온 사람 중에는 중국인과 일본인은 거의 보이지 않고 한국인이 대다수였으며, 이민국이 단속을 나간 외국인 사업장도 중국인과 일본인이 운영하는 사업장은 그 대상에서 벗어나고, 주로 한국인 사업장에만 집중 단속을 했다고 한다.

이 사실을 안 한국 교민회가 가만히 있을 리 없었다. 이것은 명백히 불평등한 처사라며 항의를 했고, 주필리핀 한국대사관도 함께 힘을 실어 준 덕에 어느 정도 수습이 되기는 했지만, 어쨌든 필리핀의 외국인 관광객 수 1위를 차지하는 나라가 한국임을 고려하면 괘씸하고 말도 안 되는 처사이다.

필리핀 이민국이 중국인 사업장에는 단속을 나가지 않았던 이유가 무엇일까? 아니, 엄밀히 말하면 단속을 나가지 '않은' 것이 아니라 '못 한' 것이리라. 이미 말했듯 중국인 화교들은 이미 약 400년 전부터 필리핀에 안착하여, 필리핀 경제의 70% 이상을 장악하고 있는 만큼 막강한 힘을 가지고 있다. 필리핀의 입장에서 이런 그들을 건드리는 것은 필리핀 경제의 근간을 흔드는 일이라고 생각했을 것이다.

현 대통령 아키노의 어머니도 화교 4세

그럼 일본인 사업장은 왜 단속하지 않은 것일까? 물론 필리핀 안에서 일본인의 세력은 중국인 화교의 힘에는 절대 미치지 못한다. 하지만 30년 전부터 필리핀에 진출했던 일본인들도 이제는 나름대로 제법 튼튼한 세력이 구축되었을 것이라고 본다. 적어도 우리보다는 빨리 필리핀에 안착한 일본인들이기에 필리핀 이민국도 그들을 함부로 대할 수는 없었을 것이다.

하지만 무엇보다 큰 이유는 중국인과 일본인을 떠나, 한국인 그 자체에 있다고 생각한다. 이야기한 것처럼 실제로 필리핀에서 불법체류를 하는 한국인은 2만 명이 넘을 정도로 많기도 하고, 그중에는 필리핀 국내법을 위반하며 사업을 하는 사람이 많다. 물론 정당하게 법을 지키며 사는 교민들도 있지만, 대개는 편법 혹은 불법 위주로 생활이 돌아가는 것이다. 현재 필리핀에서 한국인이 운영하고 있는 홈스테이 중 99%가 사업자 등록을 하지 않아, 세금 한 푼 내지 않으며 운영되고 있는 것이 그 단적인 사례가 아닐까 싶다.

그렇다고 해도 이민국의 이런 불공정한 단속을 한 번씩 받고 나면 필리핀이라는 나라에 대해 염증도 생기고, 사업이고 뭐고 다 그만두고 싶은 마음마저 든다고 한다. 이런 상황을 겪으면 누구든 그런 마음이 생기는 것이 당연할 테지만, 그럼에도 필리핀 교민들이 정작 보따리를 싸서 다른 나라로 옮기지 않는 데에는 필리핀에서의 사업이 많은 장점을 가지고 있기 때문이 아닐까 싶다.

하지만 매번 이런 단속을 받노라면 몸도 마음도 다치게 되어 사람이 피폐해질 것이다. 이것이 걱정되는 여러분에게 한 가지를 귀띔하려고 한다. 편법, 불법 운운한 뒤에 이런 말을 하긴 매우 부끄럽지만, 필리핀에서 사업을 순탄히 하기 위해서는 꼭 알아두어야만 하는 사항이다.

한국에서 학원을 운영했던 적이 있었다. 학원에 셔틀버스가 20대 있었는데, 땅덩어리가 작은 우리나라에서는 학원 근처에 셔틀버스 20대를 주차할 공간이 나오지 않았다. 비용을 들여 주차장을 마련하려고 해도 학원과 버스 주차장이 멀면 곤란하기 때문에 어찌해 볼 방법이 없었다. 그래서 어쩔 수 없이 교통의 흐름을 방해하지 않는 수준에서 일부의 버스를 도로 위에 불법 주차를 하고, 이를 관할 지구대에 아주 조금만 눈 감아 달라고 부탁을 하는 수밖에 없었다. 그들이 내 부탁을 들어주게 하기 위해서는 관할 지구대를 내 편으로 만들어야 했다. 당연히 그들과의 좋은 관계(?)를 유지하기 위해 경찰관들의 경조사도 챙겨주고, 또 지구대 경찰관들이 전체 회식을 할 때는 빠지지 않고 참석해서 밤새도록 같이 놀고, 때로는 내가 술을 사며 친분을 쌓았다. 내가 아쉬운 상황이었지만 가끔은 이렇게 하는 것이 피곤하기도 하고 또 돈이 아깝다는 생각이 들곤 했다.

하지만 나중에 셔틀버스 20대를 위한 주차장을 마련하고 유지하는 비용이 얼마인지 따져보니까, 내가 지구대 경찰관들에게 지출하는 비용이 그 비용의 1/5도 되지 않았다. 그 후로는 계속 관할 지구대와 친분을 쌓는 비용을 흔쾌히 지출했던 기억이 난다.

사실 내가 했던 행동을 떳떳하다고 말할 수는 없다. 물론 어찌할 수 없는 상황이긴 했지만, 셔틀버스를 주차해 둘 주차장을 따로 마련하는 것이 옳고 정당했다. 그럼에도 내가 이렇게 여러분에게 공개하는 것은 이미 과거의 일이기도 하거니와 필리핀에서의 사업을 생각하는 분들에게는 아주 유용한 팁이 되어 주기 때문이다. 나의 이야기 무대를 한국에서 필리핀으로 옮겨 보면 내 말의 의미를 쉽게 알 수 있을 것이다.

나는 마지막으로 이런 말을 남기고 싶다.

세상에 공짜는 없고, 먹은 사람은 말이 없다.

28

내 총은 내가 사는 필리핀 경찰

우리나라에서 경찰이 총을 직접 산다고 말하면 주위의 비웃음을 산다. 하지만 필리핀에서는 현실이다. 실제로 필리핀 경찰의 20%는 자비로 총을 구매하기 때문이다.

경찰과 군인에게 총은 떼려야 뗄 수 없는 물건이다. 혹시 이들이 총을 자신의 사비로 구매한다고 생각하는 사람이 있을까? 만약 이런 생각을 한 사람이 있더라도 그 생각을 입 밖으로 꺼낸다면 그 순간 옆 사람에게 비웃음을 당할지도 모른다. 우스갯소리를 하나 하자면, 한 인터넷 게시판에 '입대할 때 총을 사서 들어가야 하느냐'는 글이 오른 적이 있었다. 그런데 거기 달린 댓글들이 더 가관이었다. 길거리에서 파는 총은 중국산이니 인터넷 공동구매를 이용하라는 글부터 시작해서, 심지어 자신은 총뿐만 아니라 탱크도 사오라는 명령을 받았다는 글까지 있었다. 굉장히 그럴듯하게 써 놓았기 때문에 어린아이들은 깜빡 속아 넘어갈 수도 있겠지만, 여러분은 모두 헛웃음을 지으며 넘겼으리라고 생각한다. 이처럼 군인 혹은 경찰이 직접 자비로 총을 구매한다는 말은 우리에게 그저 유머이자 심심풀이 말장난에 지나지 않는다. 여러분이 저 대목에서 진지하게 새겨듣지 않고 웃고 넘긴 것은 한국에서는 절대로 일어날 수 없는 일이기 때문이다. 경찰이 경찰 제복을 차려입은 채 총기 상점에서 신중히 총을 고르는 모습을 우리는 상상조차 할 수 없다.

하지만 이 유머가 필리핀에서는 현실이 된다. 실제로 필리핀 경찰의 20%는 자비로 총을 구매하고 있다. 왜 총을 국가에서 지급하지 않고 경찰관이 직접 구매를 하는 것일까?

필리핀은 공무원의 부정부패가 매우 심각한 수준에 이른 국가이다. 그것은 경찰도 예외가 아니어서 빈민가에서는 살인 사건이 발생해도 피해자의 가족들이 경찰에게 뇌물을 주지 않으면 수사조차 시작하지 않는 일이 빈번하다. 심지어 경찰이 살인, 납치, 마약과 같은 강력 범죄에 직접 연루되는 일도 간혹 있다.

현재 필리핀의 치안을 담당하는 경찰은 약 14만 명쯤 된다. 그런데 필리핀 인구는 1억을 넘어섰으니 수많은 섬으로 이루어진 필리핀 전국의 치안을 이 숫자만으로 감당하기에는 역부족이다. 게다가 필리핀 남부의 민다나오 섬에는 아직도 무슬림

이슬람 무장 반군과 교전이 벌어지고 있는 지역을 검문하는 경찰

반군들이 있어서 경찰이 이들과 전투까지 벌여야 하는 상황인지라 필리핀의 치안은 당연히 나빠질 수밖에 없으며, 경찰의 수가 턱없이 부족하니 경찰의 보호를 받고 싶은 사람은 또 뇌물을 주어야 하는 악순환이 반복되는 형편이다.

그리고 필리핀 경찰들의 부정부패가 심각함을 보여주는 단적인 사례는 필리핀 경찰들에게 지급하는 총기에서 드러난다. 우리에게 총을 사 들고 입대하는 것이 유머인 것처럼 경찰이 업무를 수행하는 데 필요한 무기는 당연히 개인이 아닌 국가에서 지급하는 것이 맞다. 하지만 위에서 말했듯 현재 필리핀 경찰 중 20%는 업무에 필요한 총을 정부에서 지급하지 못하고 있기 때문에 어쩔 수 없이 자비로 구매하고 있는 형편이다.

이쯤에서 필리핀의 예산관리부 장관인 아바드가 인터뷰한 내용을 한 번 보자.

> 당국으로부터 총기를 받지 못한 경찰들에게 9㎜ 권총을 지급하기 위해 570만 달러의 예산을 투입할 것이다. 현재 상당수의 경찰이 임무를 제대로 수행하지 못하고 있다. 그 이유는 개인의 무기를 보유하지 못하고 있기 때문이다. 이빨이 빠진 경찰을 만들 수는 없다.

다음은 필리핀 내무부 장관인 로부레도의 인터뷰 내용이다.

근본적인 문제는 부패로 예산 집행이 효율적으로 이뤄지지 않는 데 있다.

이처럼 필리핀의 장관들도 심각성을 충분히 인지하고 있는 만큼, 필리핀 경찰들의 부정부패는 구조적인 문제점부터 해결되어야 하지 경찰들 개인의 양심에 호소하는 것만으로는 해결될 수 없는 상황에 빠진 것이다. 그러나 이것은 비단 경찰만이 가진 문제가 아니라 군인도 마찬가지 문제를 안고 있다.

필리핀의 군대도 경찰 못지않게 부정부패가 심해 국방부 예

총기로 무장한 이슬람 반군의 모습

반군들과 대치하는 필리핀 정규군의 모습

산이 엉뚱한 곳에 쓰이는 일이 허다하다. 그래서 최신 무기를 구매할 돈이 충분하지 않아 정규군이 보유하고 있는 무기 수준이 반군과 크게 차이가 없다고 하니 심각한 문제 아닌가? 심지어 정규군은 모두 군복을 입었고 반군은 일부만 군복을 입고 있다는 것 딱 한 가지만 우세하지 나머지는 정규군과 반군이 별반 차이가 없다는 말을 하는 사람도 있다.

이처럼 나라의 치안과 안보를 담당하는 경찰과 군인조차 이런 지경이니, 필리핀의 부정부패가 얼마나 심각한지 느껴질 것이다. '필리핀 경찰은 총을 자기가 직접 산대.'라는 이야기는 웃지 못할 필리핀의 치부를 잘 드러내는 말이다.

돈이면 다 되는 필리핀이기 때문에 부정부패가 팽배하여 심지어 군인과 경찰까지 이런 처지에 놓여있다. 씁쓸한 이면이긴 하지만 필리핀을 꿈꾸는 여러분에게는 잊지 말아야 할 필리핀의 특징일 것이다.

Part 06

실패를 배워 필리핀에서 성공하자

29

사업 말고 취업은 안 될까

간혹 사업이 아니더라도 필리핀에서 취업하면 먹고 살 수 있을 것이라는 막연한 기대를 하고 있는 사람들이 있다. 하지만 이런 생각은 아예 버리고 가는 것이 정신 건강에 좋다.

혹시 이 책을 읽는 여러분 중에 이런 생각을 하는 분이 있을지도 모르겠다.

난 아직 젊으니까 일단 이민 가서 취업이라도 하면 먹고는 살겠지?
확실한 사업 아이템이 생기기 전까지 일단 몸으로 벌면서 버티면 되지 않을까?

결론부터 말하면, 미안한 말이지만 필리핀에서 취업해서 먹고 살 생각은 아예 버리고 가는 게 좋다. 물론 다른 나라로의 이민, 예를 들어 미국이나 캐나다 같은 곳은 인건비가 비싸기 때문에 막일을 하더라도 생계유지에 아무런 문제가 없지만, 필리핀은 그곳과 전혀 사정이 다르다.

필리핀은 이차 산업, 즉 공장이 없는 탓에 필리핀의 젊은 남자들도 백수가 되어 곳곳에 빈둥거리고 있다. 이런 상황인데 한국인이 일자리를 얻는 것은 더더구나 힘들지 않겠는가. 만약 정말로 운이 좋아 취업을 했다고 가정하자, 하지만 최소한의 생계유지조차 불가능한 수준의 급여를 받기 때문에 생활은 갈수록 곤궁해질 수밖에 없다.

대체 급여가 얼마나 적기에 그럴까? 아무리 그래도 필리핀도 사람 사는 곳인데, 먹고 살만큼은 벌지 않을까 생각할지도 모른다. 하지만 우리는 좀 더 '풍요로운 삶'을 꿈꾸며 한국을 떠난 것이지 한 푼 두 푼 어렵게 모아 아등바등 살려고 떠나 온 것이 아니다. 안전하고 편안한 삶을 위해서는 아무래도 부촌의 고급 빌리지에서 사는 편이 나을 것이다. 이런 빌리지를 임대하려고 하면 매월 임대료만 해도 한화로 70만 원~120만 원쯤 들어간다고 보면 된다. 하지만 그나마 고소득 직업에 속한다고 하는 대졸 출신 은행원의 월급도 50만 원이 채 안 된다.

그럼에도 필리핀에서 취업해서 먹고 살아야겠다는 생각이 남아있다면 먼저 필리핀 주요 직업의 월급 액수를 확인해 볼 필요가 있다. 오른쪽에 필리핀의 직업별로 받는 급여를 적어

필리핀의 경비원(가드)

판매점의 직원

두었다. 지역별로 급여의 차이가 있고, 똑같은 직업이어도 개인의 능력에 따라 급여의 차이는 있겠지만 대체로 아래의 액수에서 크게 벗어나지는 않는다. 직업별로 받는 급여의 '최소 액수'와 '최고 액수'의 범위를 표시하였다. 여러분은 과연 이 수준의 급여로 한 달을 살 수 있을까?

필리핀의 직업별 급여

헬퍼: 2,500~4,000페소

* 한국인 홈스테이의 헬퍼가 필리핀인 가정의 헬퍼보다 월급이 높다.

요리사(한국 음식): 4,000~7,000페소

교사(초등학교): 6,000~9,000페소

교사(고등학교): 8,000~20,000페소

* 필리핀 로컬 학교보다 국제 학교의 월급이 훨씬 높다.

경비원: 7,000~12,000페소

일반 사무직: 10,000~14,000페소

은행 사무직: 12,000~16,000페소

매장 판매직: 8,000~12,000페소

경찰, 공무원: 17,000~25,000페소

* 경찰과 공무원은 기본 월급보다 부수입이 훨씬 더 많은 편이다.

대학교수: 20,000~60,000페소

변호사, 회계사: 35,000~100,000페소

※ 참고: 필리핀 1페소=한화 약 26원 (2013년 1월 기준)

30

필리핀 부동산 대박 신화를 꿈꾼다면

필리핀에 거주하는 한국인의 숫자가 증가하면서 자연스레 이들을 대상으로 하는 부동산 시장이 형성되고, 필리핀의 부동산을 투자 수단으로 생각하는 사람들이 늘어나고 있다.

필리핀에 거주하는 한국인의 숫자가 20만 명이 넘어가면서 차츰 교민들을 대상으로 하는 부동산 시장이 형성되기 시작했고, 한국의 부동산 경기가 장기불황의 조짐을 보이면서 부동산 투자의 방향을 필리핀으로 전환하는 사람들이 생겨나고 있다.

특히나 은퇴이민을 생각하는 사람들은 노후에 월세를 내며 살기보다는 내 집을 가꾸며 사는 것을 꿈꾸는 사람이 아직 많기 때문에, 필리핀 부동산 투자 설명회를 열면 관심을 두고 참여하는 사람들이 꽤 있다. 아무래도 한국인은 '내 집 마련'에 대한 욕구가 유난히 강하고, 오랜 숙원 사업처럼 여겨지기 때문에 이런 성향이 드러나는 것 같다. 여기에 한국에서는 투자 수단으로 부동산을 다섯 손가락 안에 꼽는 만큼, 부동산 투자로 이익을 얻은 사람이 적지는 않은 것도 필리핀에서의 부동산 투자를 겁내지 않는 이유 중 하나이리라.

필리핀 부동산 투자 설명회 광경

하지만 필리핀에서 부동산 대박의

꿈을 꾸기 전에 반드시 명심해야 할 사실이 있다. 우선 한국에서도 부동산 투자로 재미를 본 사람은 일부라는 사실이다. 사실 우리와 같은 개미 투자자들은 실제로 부동산 투자로 재미를 보는 경우가 매우 희박하다. 이렇게 보면 한국에서도 부동산 투자로 재미를 보지 못했던 개미들이 타국인 필리핀에서 갑자기 부동산 투자로 재미를 볼 가능성이 과연 얼마나 될까? 하지만 막연한 가능성을 제외하더라도 필리핀에서 부동산 투자로 이익을 얻을 확률이 떨어지는 더 객관적이고 중요한 이유가 몇 가지 있다.

부동산 투자 관련 전시장

첫째, 필리핀에서는 외국인이 토지, 상가, 주택을 100% 자기 지분으로 구매하는 것이 법적으로 불가능하기 때문이다. 그래도 꼭 부동산을 소유해야겠다면 법인을 통해, 혹은 필리핀인의 명의를 빌려 구매를 하는 방법밖에 없는데 이런 방식은 소유권 분쟁이 발생할 수도 있는 위험을 안고 있다. 그러므로 이 방법은 정말 여유가 있어서 만약의 경우 집 한 채 값쯤 날려도 전혀 상관없을 만큼의 부를 가지신 분들만 이용하기를 권장한다.

둘째, 필리핀에서는 주택과 콘도의 매매가 원활하지 않기 때문이다. 즉 주택이나 콘도를 어찌어찌 사들였다고 하더라도 다시 되팔기가 쉽지 않다는 말이다. 무슨 물건이든 살 사람이 있어야 팔 수 있는 것인데, 필리핀에는 주택과 콘도를 구매할 만큼의 여유가 있는 중상류층의 수가 너무 적다. 모든 투자는 적절한 시기를 노려 사고팔아야 이득을 취할 수 있는데 필리핀에서는 집을 팔기가 어렵기 때문에 좋은 타이밍을 놓칠 수도 있고, 심지어 급전이 필요하여 집을 되팔 때는 살 사람이 없으니 사들인 값보다 훨씬 적게 헐값으로 팔게 될 수도 있어 투자 용도로는 적당하지 않다.

셋째, 우리는 필리핀의 부동산 법을 잘 모르기 때문인데 이것이 가장 결정적인 이유라고 말할 수 있다. 사실 한국에서도 부동산 투자로 재미를 본 사람들은 부동산 법을 정확히 꿰뚫고 있었던 사람들이다. 그런데 부동산 법에 대해 정확히 꿰뚫고 있다는 의미는, 단순히 법의 내용을 아는 수준에서 그치는 것이 아니라 법의 허점, 그리고 그 허점을 활용하는 방법까지도 알고 있었다는 의미가 되므로 우리와 같은 개미 투자자들이 덤벼들기에는 매우 어렵다는 생각이 든다.

31

인신매매와 같은 결혼 중매 사업

국제결혼이 보편화 되면서 국제결혼 중매 업체가 우후죽순 늘어났다. 그래서 우위를 차지하기 위한 업체 간의 경쟁이 치열한데, 필리핀에서는 이것이 모두 불법행위임을 알아야 한다.

요즘은 한국인과 결혼하는 외국인 여성들이 많아졌다. 그래서 필리핀, 베트남 등지에서 온 외국인 신부를 어렵지 않게 볼 수 있다. 이에 발맞추어 외국인과 한국인을 연결해 주는 '필리핀 국제결혼' 업체들이 엄청나게 늘어나고 있다.

성행하는 필리핀 국제결혼

우후죽순으로 업체들이 난립하다 보니 시장에서 살아남기 위해서는 다른 업체보다 우월한 무언가가 있어야 한다. 그래서 몇몇 업체들은 경쟁력 확보를 위해 유명 연예인을 모델로 내세우거나 자문 변호사를 두고 있음을 강조하여 고객들에게 신뢰감을 주려고 노력한다.

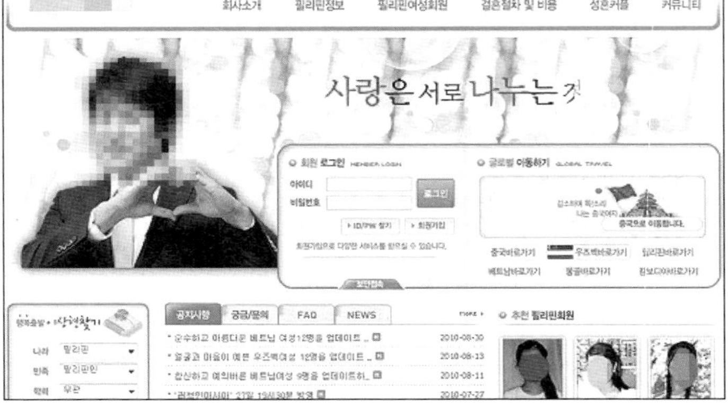

유명 연예인을 앞세운 국제결혼 중매 업체

하지만 이들이 어떤 노력을 한다 해도, 그것은 모두 불법 행위에 불과하다. 왜냐하면, 필리핀에서 국제결혼 중매사업은 인신매매와 같은 중범죄에 해당하며, 한국의 법은 국제결혼 중매 사업이 현지의 법령을 준수해야만 한다고 규정하고 있기 때문이다.

한 연예인은 그가 속한 소속사에서조차 이런 법을 모르고 국제결혼 중매 업체와 광고 모델 계약을 하여, 홈페이지에도 크게 그 연예인의 얼굴이 걸렸다. 하지만 뒤늦게 이 사업이 불법임을 깨닫고는 모델 계약을 했던 업체에 홈페이지에서 이 연예인의 사진을 내려달라고 요청했던 일도 있었다.

1990년에 공포된 필리핀 공공법: 국제결혼 중매행위에 대한 금지와 처벌에 대한 규정

필리핀 여성과 외국인 배우자의 국제결혼 중매행위를 금지하며, 국제결혼과 관련된 어떤 형태의 광고도 금지한다. 만약 외국인이 이를 위반할 때에는, 6년 이상 8년 이하의 징역에 처하며, 형기가 끝나면 벌금을 납부하고 강제 출국 후 필리핀 재입국이 영원히 금지된다.

32

필리핀에는 경차가 없다

우리나라는 중형차를, 유럽은 경차나 소형차를 선호하는 편이다. 그럼 필리핀에는 어떤 차가 많이 보일까? 아마도 많은 사람이 경차가 많을 것이라는 추측을 할 것이다.

도로에 달리는 차들을 가만히 바라보면 경차나 소형차보다는 중형차의 숫자가 더 많다. 경차를 타면 기름도 아끼고 여러 가지 혜택이 있다고 홍보를 해도 한국 사람들은 중형 이상의 큰 차를 선호한다. 물론 요즘은 독특하고 예쁜 디자인의 작은 차가 많이 출시되어 예쁜 것을 좋아하는 이들의 마음을 빼앗고 있긴 하지만, 여전히 한국 사람들의 인식에는 중형급 이상의 자동차가 우위에 있다. 아무래도 실용성보다는 체면과 겉치레를 중시하는 사회 분위기 탓이 아닐까 싶다. 아직도 마티즈를 몰고 간 사람과 벤츠를 몰고 간 사람을 차별 대우하는 음식점이 있으니, 크고 좋은 차에 대한 욕구는 아무래도 사회 전체적인 분위기가 바뀌지 않는 이상 사라지지 않을 것 같다.

국산차를 제외하고 우리가 흔히 '유럽 고급 외제차'라고 생각하는 벤츠, BMW, 폭스바겐, 푸조 등의 차를 떠올리면 대개 크고 널찍한 중형급 이상의 차가 떠오른다. 한국의 도로를 달리는 이들 브랜드의 차가 보통 중형급 이상이기 때문일 것이다. 그래서 이 차들의 본고장인 유럽의 도로에는 번쩍번쩍한 중형급 이상의 차들만 씽씽 달리고 있을 거라는 착각을 하기가 쉽다. 한국에 기아, 현대 등 국산 자동차가 흔히 보이듯 각 나라에는 자국에서 만든 자동차가 흔히 보이는 것이 당연하겠지만(독

유럽에서 많이 보이는 소형차

한국에서 많이 보이는 중형차

일에서는 택시와 버스가 벤츠다.), 그것이 꼭 중형급 이상의 고가의 차는 아니다. 오히려 유럽의 도로에서는 중형차보다는 경차가 더 많이 보인다. 겉치레를 중요시하는 우리와 달리, 실용성을 중시하여 개개인의 생활 방식에 맞춰 차를 구매하는 유럽인들의 특성에서 비롯된 것이리라. '차가 경차면 사람도 경차'라고 생각해, 차에 무리한 투자를 하는 우리가 본받아야 할 부분이다.

그럼 필리핀의 도로에서는 어떤 차가 많이 보일까? 필리핀 사람들은 아무래도 소득수준이 낮으니 저렴한 경차를 많이 이용할 것으로 생각할 수도 있다. 하지만 막상 필리핀에 가 보면 도로에서 경차를 찾아보는 것이 한국보다 더 어렵다. 왜 그럴까? 한국 사람들보다 소득수준이 낮은데도 불구하고, 오히려 우리보다 더 큰 차를 선호하는 건 우리보다 겉치레를 중요시하기 때문일까?

그건 절대로 아니다. 필리핀에서 경차를 찾아보기가 어려운 이유는 빈부격차 때문이라고 말할 수 있다. 필리핀 사람들의 어마어마한 빈부격차에 대해서는 앞에서 이미 언급했으니, 그 차이가 어느 정도인지에 대해서는 여러분이 짐작하고 있으리라고 생각한다. 필리핀 서민 대부분은 빈민층으로 하루 세 끼 입에 풀칠하기도 힘든 상황에 경차조차 구매할 수 있을 리 만무하고, 상류층은 국민소득의 90%를 차지하고 있어 어마어마한 부를 가졌으니, 자신의 사회적 체면과 지위를 과시하고자 고급 외제차를 몰고 다닌다. 이러니 필리핀의 도로는 고급 외제차만 줄지어 다니지 경차나 소형차가 끼어들 일이 없다.

도로에 경차가 없다는 말은 필리핀에서는 경차가 팔리지 않는다는 말과 같다고 보면 될 것이다. 그래서 필리핀에서 중고차 매매 사업을 했던 분 중에 경차를 취급했던 분들은 대부분 사업을 접어야만 했다고 한다. 만약 필리핀 사람들에 대해 조금만 더 공부했었다면 이렇게 허무하게 사업을 접는 일은 없었을 것이다. 필리핀 사업을 하기 전에 시장조사가 얼마나 중요한지 알 수 있는 사례가 되리라고 생각한다. 이 책을 읽는 여러분은 필리핀 사업을 구상하기 전에 꼭 시장조사를 철저히 하여 실패 확률을 줄이는 것이 우선일 것이다.

33

빨리 망하고 싶다면 금광에 투자하라

외국인의 금광 개발 사업 투자를 필리핀 정부가 허가하면서부터, 한국에는 기업뿐 아니라 일반인들까지 이것에 지대한 관심을 보이고 있다. 그만큼 섣불리 투자했다가 쪽박을 차는 사람도 증가하는 추세이다.

2005년, 필리핀 정부는 일정한 요건을 충족한 외국인이 필리핀의 광물자원개발에 투자하는 것을 허용했다. 그 후 외국 기업(영국, 호주 등)의 광산 투자액이 4조 원을 넘어섰고, 한국의 플랜트 엔지니어링 기업인 케이아이씨도 광산 개발에 뛰어들었다는 뉴스가 보도된 적이 있었다.

2011년도에 금값이 폭등하면서 일반인들도 '金테크'에 지대한 관심을 쏟았으니, 필리핀 금광 사업에 관심을 둔 한국인이 한둘이 아니었다. 필리핀 금광 개발에 뛰어드는 한국 기업 그리고 노다지의 환상에 사로잡힌 한국인 개인 투자자들이 많이 생겨난 만큼, 필리핀 금광 사업에 섣불리 투자했다가 쪽박을 차는 사람들도 많아졌다.

금광에 투자하는 방법은 여러 가지가 있을 수 있겠지만, 쪽박을 찬 이들이 금광 사업에 접근하는 방법은 대개 이런 방식이었다. 필리핀으로의 진출을 꿈꾸던 한 한국인 사업가가 있다. 그래서 이 사업가는 지인을 통해 필리핀에 거주하는 교민과 접촉한다. 이 교민은 또다시 그에게 필리핀 현지에서 사업을 번창시키고 있는 다른 한국인 사업가를 소개해주어 그들과 함께 술도 한잔하고 친목을 다진다. 그 후에 넌지시 필리핀에서 사업을 시작할 만한 아이템이 없느냐고 물으면 필리핀에 있

번쩍이는 골드바

는 사업가는 좋은 아이템이 있는데 특별히 당신에게만 귀띔해 주겠다면서 며칠 뒤 호텔에서 만날 약속을 잡는다.

며칠 후, 약속 장소로 간 한국인 사업가는 한편에 앉은 필리핀 사업가에게 다가간다. 한국인 사업가를 반갑게 맞은 필리핀 사업가는 곧 진지하게 금광 개발에 대해 이야기를 꺼내고, 미심쩍어하는 한국인 사업가에게 자기가 개발했다는 금광에서 실제로 캐냈다는 골드바를 보여준다

잠시 이야기를 나누고 있으면, 이들과 같이 만나기로 한 필리핀 검찰의 고위 인사가 경찰의 호위를 받으며 호텔에 나타난

다. 그리고는 필리핀 사업가의 금광 개발을 자기가 뒤에서 봐 주고 있다는 말을 한다. 그가 자리에 앉자 이제 본격적인 사업 이야기를 시작하는데, 필리핀 사업가가 한국인 사업가에게 금광 개발에 대한 투자를 권한다. 그가 이야기하는 핵심적인 내용은 바로 이것이다.

"엄청난 금이 묻혀있는 금광개발권을 따내서 채굴에 들어가기 직전인데, 채굴을 시작하려면 필리핀 경찰과 군대의 보호가 필요하다. 그런데 금광 개발권을 따내는 데 모든 자금이 투자되어서 자금 사정이 약간 어려운 상황이다. 그래서 2억 정도만 투자를 해주면 금광 채굴의 시기를 앞당길 수 있고, 금광 채굴이 시작만 되면 금은 언제든지 현금으로 바꿀 수가 있으므로 6개월 이내에, 투자한 금액의 5배로 돌려주겠다. 만약 내가 사기를 치는 것이라면 지금 앞에 있는 이분(필리핀 검찰의 고위간부)이 나를 당장 감옥에 잡아넣지 않겠는가?"

이런 설명을 듣게 되면 대부분 혹하여 넘어가기 쉽다. 경찰차가 앞뒤에서 호위해 주고, 검찰의 고위 인사가 뒤를 봐 주고 있다는데, 사기를 치는 것으로 생각할 사람이 몇이나 될까? 하지만 이건 우리가 필리핀의 경찰과 금광 사업에 대해 잘 몰라서 드는 생각이다. 지금부터 하는 이야기는 혹시라도 필리핀 금광 사업에 투자하려는 생각을 하는 분들이 잘 기억해 두면 사기를 피할 수 있을 것이다.

우선 필리핀의 금광은 필리핀 정부에 막대한 금액을 주고 개발 허가를 받아야만 할 수 있는 사업이다. 그래서 개인이 사업 허가를 따낸다는 것은 매우 어려운 일이며, 막대한 자금이 들어가기 때문에 개인의 힘으로는 역부족이다. 또 사업 허가를 받고 금을 캐내서 현금으로 바꾸기까지 걸리는 기간이 최소 5~7년이 걸리는 장기적인 사업이므로, 짧은 시간에 높은 수익을 보장해 준다는 말은 모두 사기라고 보면 된다.

단기간에 높은 수익을 보장해 준다는 말에 살짝 의구심을

9만 원이면 도로를 경찰의 호위를 받으며 달릴 수 있다.

품긴 해도, 무엇보다 사람들이 가장 믿고 넘어가는 부분은 아마 필리핀 경찰과 검찰 고위 간부의 등장일 것이다. 하지만 이것 역시 함정이다. 이 책을 읽은 여러분은 아마 이제 필리핀 경찰이 부정부패가 심하다는 것을 잘 알 것이다. 고위 간부는 사기꾼이라고 하더라도 경찰이 할 일이 없어서 사기꾼을 호위해 주느냐고 질문할 수도 있지만, 필리핀에서는 누구든지 경찰에게 3,000페소(한화 약 8~9만 원)만 주면 교통경찰이 공항에서 호텔까지 에스코트해 주면서 도로를 시원하게 뚫어주는 서비스(?)를 받을 수 있다. 여러분은 한국의 경찰을 생각하면 안 된다. 이들이 사기를 당한 것은 필리핀 경찰이 매우 공적인 기관이라고 믿었기 때문이다.

34

초보 사업가를 노리는 사기꾼의 특성

필리핀은 한국과 비교하면 상대적으로 모든 사회 시스템이 체계적이지 않다. 그래서 공무원의 부정부패가 심한데, 더욱 심각한 것은 이를 악용하는 사기꾼이 곳곳에 깔려 있다는 사실이다.

어느 나라에서든 사업을 하다 보면 늘 어려움이 생기는데, 그중 해당 기관과의 마찰은 빼놓을 수 없는 문제로 꼽힌다. 학원을 운영하면 교육청과 문제가 생길 수 있고, 식당을 운영하면 해당 구청과의 문제가 생길 수 있다는 말이다. 한국에서 이것을 해결하는 일은 해당 기관에서 내리는 영업금지 등의 처분을 받거나 벌금을 무는 방법뿐인데, 필리핀에서는 조금 다른 방법으로도 해결할 수 있다.

필리핀은 한국과 비교하면 상대적으로 모든 시스템이 안정되어 있지 않다. 세금조차 전산화되어 있지 않고 모두 일일이 사람이 관리하는 현실이니, 그 기록이 유실되거나 조작될 위험이 클 수밖에 없다. 그래서 자연히 공무원의 부정부패가 매우 심해지는 곳이 바로 필리핀이다. 그래서 편법이기는 하지만 이런 경우를 대비해서 평소에 공무원과의 인맥을 구축해 놓는 것이 필수사항으로 꼽힌다.

하지만 그보다 더 심각한 건, 사회 시스템이 불안정하고 공무원의 부정부패가 심하다 보니, 이를 악용하는 사기꾼이 깔려 있다는 현실이다. 그래서 필리핀에 장기 거주한 교민들이 자주 하는 충고는 이렇다.

아무도 믿지 마라. 특히 한국인을 믿지 마라.

하지만 이건 말처럼 쉽지만은 않은 문제다. 내가 아무도 믿지 않는다면 거꾸로 나를 믿어줄 사람도 없게 되는데, 사람들과의 관계 속에서 이익을 만들어 내는 서비스업의 특성상 이런 조언은 적절하지 않은 것 같고, 가장 좋은 방법은 사기꾼 성향을 보이는 사람들과 비즈니스 관계를 맺지 않는 것이다. 그러나 사기꾼이 괜히 사기꾼일까. 사기를 치면서도 매우 진실처럼 보이게 하는 것이 이들의 특기인지라, 사기꾼이라는 티가

필리핀 사기꾼들의 집합소인 카지노

난다면 지금까지 사기를 당한 사람도 없었을 것이다. 그래서 여러분에게 조금이라도 도움이 되고자, 그동안 필리핀에서 있었던 사기 사건의 주인공(?)들을 분석한 결과를 이야기해 보려고 한다. 이들에게는 대략 세 가지의 공통점이 있었고, 이런 공통점은 만국 공통인 것 같다.

첫째, 확실한 직업이 없거나 사업을 하고 있지 않으면서도 고급 승용차를 타고 경호원들을 데리고 다니면서 이런 말을 많이 한다.

"나는 필리핀 고위층과 잘 안다. 상원 의원과 친한 사이이고 대통령 궁에도 인맥이 닿으니 힘든 일이 있으면 언제든지 말만 해라."

이 말이 정말이라면 얼마나 든든할까. 하지만 실제로 필리핀 고위층과 잘 알고 대통령 궁에 인맥이 닿을 정도의 사람이면 그런 말을 하고 다닐 만큼 한가하지도 않고, 또 귀찮은 부탁을 할 사람들이 생길까 봐 그런 말을 꺼내지도 않는다.

둘째, 필리핀에서 성공한 사업가들과 친하게 어울리며 이들이 마치 자기가 운영하는 컨설팅 회사의 고객들인 것처럼 떠벌리며 이렇게 말을 한다.

"내 고객 중에 대박 식당을 운영하는 고객이 갑자기 한국에 들어가게 되어서 식당을 내놓았는데, 1천만 원의 수수료만 주면 권리금 1억을 5천만 원으로 깎아서 인수하도록 도와주겠다."

혹하는 제안이 아닐 수 없다. 힘들이지 않고도 필리핀에 안착할 기회이니 왜 붙잡지 않겠는가. 하지만 가만히 생각을 해보자. 갑자기 한국에 들어갈 사정이 생겼다고 해서 대박 식당을 헐값으로 넘길 사람도 없고, 또 그렇게 좋은 조건이라면 빚을 내서라도 본인이 인수하려고 하지 않을까?

셋째, 필리핀 이민국, 시청의 공무원들과 친한 관계임을 과시하면서 이렇게 말을 한다.

"필리핀은 되는 것도 없고 안 되는 것도 없는 나라이다. 무엇이든 법대로 하는 것보다는 고위 공무원에게 수수료 명목의 돈을 주는 게 돈도 적게 들고 편하니 나에게 맡겨라."

물론 틀린 말은 아니다. 필리핀은 구조적으로 부정부패가 생길 수밖에 없는 나라이기 때문에 커미션으로 해결하는 것이 효율적일 수도 있다. 하지만 그렇다고 해서 법이란 게 아예 없는 나라인 것은 아니다. 필리핀도 엄연한 '법치국가'이기 때문에 이런 방법은 불가피한 경우에만 쓸 수 있는 예외적인 사항이다. 불법의 빈도가 높을수록 사업도 비정상적으로 흘러갈 가능성이 높아진다. 게다가 이 사람이 공무원들과 친한 사이인지도 모르는데 무엇을 믿고 돈을 줄 것인가?

35

말하는 대로 맘먹은 대로

우리나라는 고용 없는 성장이 이루어지기 때문에 경제가 성장해도 일자리는 별로 늘어나지 않는다. 그래서 40대 직장인 중 명예퇴직을 당하는 비율이 40%를 넘어섰다.

나 역시 필리핀에서 사업을 시작할 준비를 하는 사람이기에, 필리핀에서 사업한 경험이 있는 분들의 직접적인 경험담을 최대한 많이 들으려고 노력했다. 실패를 줄이는 길은 많이 보고 듣는 길밖에 없기 때문이다. 필리핀에서 다양한 사업을 하셨던 분들의 이야기를 들으며, 가장 극명한 차이를 보였던 두 분의 이야기가 가장 기억에 남아 여러분에게 소개하려고 한다.

그분들을 만난 건 지인을 통해서였다. 모두 필리핀에서 사업하다가 한국으로 돌아오셨지만, 두 분이 이야기하는 필리핀 사업에 대한 반응은 서로 아주 달랐다. 먼저 필리핀에서 식당을 운영했던 분이 말했던 내용을 요약하면 이러했다.

필리핀에서 장사하면 당연히 필리핀인과 경쟁을 하면서 마찰이 생기는 때도 있는데, 필리핀은 경찰이든 시청이든 무조건 자국민 보호를 위해 필리핀인의 편을 들기 때문에 한국인이 질 수밖에 없다. 그래서 필리핀에서 사업하는 것은 한국인에게 늘 불리하고 위험할 수밖에 없다. 결론은 필리핀은 한국인이 사업하기에 나쁜 곳이다.

그자리에서는 고개를 끄덕였지만, 집에 돌아오는 길에는 문

필리핀의 경찰

득 이분이 필리핀에 가기 전에 그런 사실을 모르고 갔었는지 의문이 생겼다.

그리고 다른 한 분은 필리핀에서 중고 자동차 매매업을 하다가 다시 한국으로 돌아온 분이었다. 그분은 필리핀 사업에 대해서 매우 긍정적인 반응을 보였다.

평소에 특별히 애국심이 없던 사람도 월드컵이 시작되면 자연스레 자국의 선수를 응원하듯이 어느 나라 사람이든 팔은 안으로 굽는 것이 인지상정이다. 하지만 현실로 돌아오면 애국심보다 자기 이익이 우선이므로, 필리핀 경찰은 한국인이든 필리핀이든 상관없이 돈을 더 주는 놈

편을 든다. 결론은 필리핀은 한국인이 사업하기 괜찮은 곳이다.

똑같은 환경에서 사업했던 두 분의 결론이 정반대로 나자, 어느 분의 결론이 옳은 것인지 아리송해졌다. 집에 돌아와 새벽까지 생각해 보았는데 누구의 결론이 옳은지에 대한 판단 기준은 두 분의 결과가 될 수밖에 없다는 생각이 들었다. 물론 단순히 운이 좋아 사업을 성공으로 이끈 것일 수도 있지만, 그래도 성공한 쪽의 말을 모범답안으로 삼는 편이 더 낫지 않겠느냐는 생각에서였다.

식당을 운영했던 분은 결국 운영하던 식당을 헐값에 넘기고 필리핀으로 돌아온 후, 지금은 한국에서 체인 분식점을 운영하는데 그리 넉넉한 처지가 아니다. 반면 중고 자동차 매매업을 했던 분은 꽤 큰돈을 벌어서 한국으로 돌아온 후, 지금은 한국에서 건물 임대 놓고 편하게 살고 있다.

자, 여러분은 누구의 말에 더 신뢰가 갈까?

필리핀에서 사업한 경험을 들을 기회가 있으면 술값 아끼지 않고 만났던지라, 대부분은 내가 술값을 내는 편이었는데, 중고차 매매업을 하셨던 분을 만났을 때는 내가 술을 얻어 마시는 희한한(?) 경험을 했었다. 그분이 술값을 본인이 내겠다며 나에게 했던 말이 매우 인상 깊다.

"나는 이제 할 일 없는 노인이니까 궁금한 게 있으면 언제든 전화해. 그리고 사업이 커지면 아마 한국에도 사무실이 필요할 거야. 우리 건물에 사무실 임대해서 들어온다면 내가 싸게 잘해줄게."

이분의 말은 사업의 성공과 실패에 '마인드'의 차이가 얼마나 중요한가를 보여준다. 두 분의 사례는 필리핀 경찰과 공무원에게 뒷돈을 주었느냐 안 주었느냐의 차이로 볼 수도 있지만, 넓게 보면 '의지'의 차이다. '한국인은 필리핀에서 성공하기 어려운가 봐.', '역시 외국인은 차별대우를 받아.'라고 생각하며 좌절한 채 적극적으로 행동하지 않으면 그 사업은 성공하기 어려운 사업이 되지만, 그럼에도 불구하고 사업을 성공으로 이끌어 보려고 적극적인 행동을 취하면 살아날 길이 보이는 것이다. 중고 자동차 매매업을 하셨던 분의 마지막 말에는 사업에 대한 그분의 적극적인 의지가 명확히 드러난다. 필리핀 사업 경험을 들으러 간 나에게 술을 사주며, 훗날의 고객으로 유치하는 것이다.

필리핀에서의 사업을 생각하는 여러분에게 가장 중요한 것은 '적극적이고 긍정적인 마인드'이다. 적극적인 마음이 없다면 좋은 아이템도 편법도 모두 소용이 없어진다. 지금까지 이야기 했던 필리핀의 속 깊은 이야기를 토대로 하여, '적극적인 마인드'로 무장을 한다면 여러분도 중고차 매매업을 하신 분처럼 필리핀 사업을 성공으로 이끌 수 있을 것이라고 믿어 의심치 않는다.

성공하는 필리핀 이민을 위한 문화 가이드

기회의 바다, 나는 필리핀에 산다

1판 1쇄 펴낸날 · 2013년 02월 10일

기 획 · ㈜대성 '필홈' 에이전시
지은이 · 윤기화 김영철 편재룡 주상범 이종헌
정동성 김정민 홍재화 박동국 구본창

펴낸이 · 서채윤
펴낸곳 · 채륜
책만듦이 · 김미정
책꾸밈이 · Design窓

등록 · 2007년 6월 25일(제25100-2007-00025호)
주소 · 서울 광진구 군자동 229
대표전화 · 02-6080-8778
팩스 · 02-6080-0707
E-mail · chaeryunbook@naver.com
Homepage · www.chaeryun.com

책값은 뒤표지에 있습니다.
ISBN 978-89-967201-5-7 03910